掌尚文化

Culture is Future

尚文化·掌天下

The Fluctuation Characteristics,
Influencing Mechanism
and Outlook of RMB Exchange Rate

杨小玄

著

人民币汇率波动的
特征及影响机制研究

经济管理出版社

图书在版编目（CIP）数据

人民币汇率波动的特征及影响机制研究/杨小玄著.—北京：经济管理出版社，2023.12
ISBN 978-7-5096-9567-8

Ⅰ.①人… Ⅱ.①杨… Ⅲ.①人民币汇率—汇率波动—研究 Ⅳ.①F832.63

中国国家版本馆 CIP 数据核字（2024）第 024671 号

组稿编辑：宋　娜
责任编辑：张鹤溶
责任印制：黄章平
责任校对：张晓燕

出版发行：经济管理出版社
（北京市海淀区北蜂窝 8 号中雅大厦 A 座 11 层　100038）
网　　址：www.E-mp.com.cn
电　　话：（010）51915602
印　　刷：唐山昊达印刷有限公司
经　　销：新华书店
开　　本：720mm×1000mm/16
印　　张：11.5
字　　数：213 千字
版　　次：2024 年 4 月第 1 版　2024 年 4 月第 1 次印刷
书　　号：ISBN 978-7-5096-9567-8
定　　价：98.00 元

·版权所有　翻印必究·
凡购本社图书，如有印装错误，由本社发行部负责调换。
联系地址：北京市海淀区北蜂窝 8 号中雅大厦 11 层
电话：（010）68022974　邮编：100038

序 言

汇率是金融市场中重要的价格指标，与国家宏观经济的稳定运行密切相关。汇率的波动及影响因素一直是国内外学者研究的热点问题之一。但实践中，利率平价、购买力平价等传统汇率决定理论已经难以解释和预测短期内的汇率波动。对汇率波动的研究，需要在传统理论上不断完善、拓展。

人民币汇率形成机制的市场化改革经历了较长期的过程。自2005年7月21日起，人民币开始实行以市场供求为基础、参考一篮子货币进行调节、有管理的浮动汇率制度。人民币汇率不再盯住单一美元，形成了更富有弹性的汇率调节机制。2008年金融危机后，中国人民银行推动人民币国际化进程，人民币汇率浮动幅度不断扩大，中间价定价机制不断完善。2015年8月11日，中国人民银行完善人民币对美元汇率中间价报价机制，此后人民币汇率市场化水平不断提高，双向波动机制更加明显，企业、金融机构等市场主体更加适应汇率的波动。但随后的中美贸易摩擦、新冠疫情（以下简称疫情）等因素，对人民币汇率市场造成了一些扰动。人民币对美元汇率波动率明显上升，适时引入的逆周期因子及时对冲了市场情绪的顺周期波动，在市场预期恢复理性、跨境资本流动趋于稳定之际，逆周期因子回归中性。

基于对汇率理论和人民币汇率波动现实的认识，本书试图对人民币汇率波动率及特征、人民币均衡汇率、人民币汇率波动影响机制等问题展开研究。研究内容主要包括以下几个方面：

第一，通过定性描述和定量分析，研究了人民币汇率波动率的特征及变化趋势，发现"8·11"汇改后，人民币汇率呈现波动弹性增强、双向浮动更加明显等特征，人民币汇率市场表现出流动性改善、市场主体适应性增强、"羊群效应"减弱等积极变化。

第二，结合中美利差、市场预期、贸易差额、经济增长前景的总体格局和近期特点，分析了影响人民币汇率变化的多空因素，以更深入地理解人民币汇率及其波动率的决定因素。将宏观经济指标、金融市场指标、发达经济体货币政策冲击等影响纳入考虑，构建出描述汇率变动和汇率波动率变动的随机过程。在综合考虑利率、通胀、国际收支等多方面因素对汇率影响的基础上，使用RU-MIDAS模型进行回归，发现利率、出口、投资、制造业增加值对人民币汇率有正向影响；进口、消费对人民币汇率有负向影响。

第三，对在岸市场、离岸市场等不同人民币市场的波动变化及联动效应等问题展开研究。对人民币在岸汇率和离岸汇率序列进行定性和定量分析，并构建TVP-VAR模型，得出以下结论：一是人民币汇率在岸/离岸市场的波动率不断统一、流动性逐渐改善；二是当前人民币市场跨境交易、结算形成的结果仍为在岸市场定价权高于离岸市场；三是离岸市场流动性改善能够促进境内外人民币市场统一；四是人民币远期市场对即期市场的价格传导效应依然较弱，未能充分发挥价格发现功能。

第四，研究了外汇期权隐含波动率中包含的预测信息。对外汇期权隐含波动率的定义、特征进行了详细的梳理。通过引入风险逆转指标和蝶式指标，论证了风险逆转指标和汇率趋势之间的相关关系以及蝶式指标和汇率波动率之间的相关关系。最后从外汇期权隐含波动率出发，通过数理模型推导了未来不同期限的汇率分布，且历史回测基本验证了该预测模型的合理性。

第五，构建了加入巴拉萨—萨缪尔森效应（以下简称巴萨效应）的DSGE模型，测算了人民币均衡汇率的变化路径，认为相较于均衡汇率，人民币名义汇率目前被小幅低估。考虑到从2022年起，美国联邦储备系统（以下简称美联储）逐渐回归货币政策正常化，假设出美元利率上升和美元货币政策供应量减少两种情景，以研究两种货币政策冲击对人民币汇率的影响。实证结果显示：来自外部的名义利率上升和货币供应量下降都会对人民币汇率造成一定的贬值压力，但幅度不大、持续时间较短。预计美联储货币政策变化对人民币汇率的实际影响可控。

第六，基于新兴经济体面板数据研究了新兴经济体中长期跨境资本流动的影响因素，并构建了跨境资本流出风险的预警模型。研究发现：一是新兴经济体的资本流入与经济周期显著正相关，经济繁荣时期更易吸引外资流入；二是新兴经济体与美国的金融周期差会显著增加跨境资本流动风险；三是跨境资本流出风险均与金融发展程度显著正相关；四是全球经济风险水平上升、新兴经济体采取浮动汇率制等因素均会增加跨境资本流出风险。总体来看，目前人民币跨境资本外流的整体风险可控，发生跨境资本流出风险事件的概率较低。但在美联储加息举措下，中美金融周期出现背离，我国其他投资项目可能会在短期内出现较大波动，应引起关注。

目　录

第一章　绪论 ·· 1
　一、选题背景和意义 ·· 1
　二、本书的研究内容和方法 ·· 2
　三、本书的技术路线 ·· 2
　四、本书的框架 ··· 4

第二章　汇率相关理论及文献回顾 ·· 6
　一、汇率概念的界定 ·· 6
　二、汇率决定理论 ··· 8
　三、汇率制度选择 ·· 13
　四、汇率传导机制及影响 ··· 18
　五、汇率与利率的关系 ·· 21
　六、对人民币汇率的研究 ··· 23
　七、波动率相关理论研究 ··· 32

第三章　人民币汇率波动率的特征变化 ·································· 37
　一、研究背景 ·· 37
　二、波动率的定义和描述性统计 ······································· 38
　三、人民币汇率波动率特征变化 ······································· 40
　四、逆周期因子与人民币汇率市场的"羊群效应" ················· 50
　五、本章小结 ·· 54

第四章 影响人民币汇率的基本面因素分析 ············ 55

一、研究背景 ············ 55
二、不同周期视角下对汇率影响的基本面因素分析 ············ 56
三、影响人民币汇率宏观指标的回归模型构建 ············ 59
四、人民币对美元汇率及波动率的路径模拟 ············ 67
五、本章小结 ············ 72

第五章 人民币汇率市场定价权问题研究 ············ 74

一、研究背景 ············ 74
二、文献回顾 ············ 78
三、各市场人民币汇率特征变化 ············ 79
四、人民币汇率市场定价权的实证研究 ············ 83
五、本章小结 ············ 92

第六章 基于外汇期权隐含波动率的汇率区间预测 ············ 94

一、研究背景 ············ 94
二、文献回顾 ············ 95
三、人民币外汇期权简介 ············ 97
四、外汇期权指标 ············ 105
五、外汇期权隐含波动率模型的历史区间预测及回测 ············ 111
六、本章小结 ············ 113

第七章 美联储货币政策对人民币的溢出影响 ············ 115

一、研究背景 ············ 115
二、美联储货币政策回顾 ············ 116
三、文献回顾 ············ 121
四、构建DSGE模型刻画人民币均衡汇率路径 ············ 122
五、人民币均衡汇率路径测算 ············ 127
六、美联储货币政策冲击的影响 ············ 129
七、本章小结 ············ 131

第八章 跨境资本流动、外汇市场压力及预警 ……………………………… 133
 一、研究背景 …………………………………………………………………… 133
 二、文献回顾 …………………………………………………………………… 134
 三、2020 年以来我国跨境资本流动趋势分析 ………………………………… 136
 四、跨境资本流动因素分析 …………………………………………………… 139
 五、跨境资本流出风险预警指标 ……………………………………………… 145
 六、本章小结 …………………………………………………………………… 151

参考文献 …………………………………………………………………………… 154

第一章 绪论

一、选题背景和意义

汇率与国际贸易、国际投资、跨境资本流动密切相关,是金融市场中重要的价格指标。汇率的波动不仅对银行、企业等微观个体有深远影响,更与一国的经济甚至政治稳定密切相关。由于汇率变动的重要性,汇率的波动及影响因素吸引了众多经济学家和学者的关注。

人民币汇率作为中国经济的重要组成部分,也一直是学术界和市场关注的热点话题之一。随着中国经济的不断发展和国际化程度的逐步提高,人民币汇率的波动和变化也对全球经济产生了深远的影响。特别是,2005年7月和2015年8月,人民币汇率形成机制经历了两次较大的改革,此后人民币对美元汇率的波动明显加大。当前,国际金融市场的变化和经济环境的复杂性也给人民币汇率研究带来了新的挑战和机遇。随着金融全球化的发展和金融衍生品的创新,从长期来看,汇率受实体经济的影响虽然依旧显著,但宏观经济指标对短期汇率趋势和波动率的预测已经稍显乏力。利率平价理论、购买力平价理论等传统汇率决定理论也难以完美解释和预测短期汇率波动,市场新信息对汇率的影响和决定程度也日益重要。对汇率波动的研究,需要在传统理论上不断完善拓展,充分度量影响市场参与者行为的多种因素。

二、本书的研究内容和方法

本书旨在对人民币汇率的相关问题进行深入的研究和探讨，包括人民币汇率波动率及影响机制、人民币均衡汇率、人民币汇率与跨境资本流动等，同时考虑宏观经济指标、金融市场指标、发达经济体货币政策冲击等的影响，从而更加深入地理解人民币汇率及波动率的决定因素，并通过宏观经济指标和市场信息展望未来人民币走势，为市场参与者如何应对汇率变化等提供参考和建议。

本书采用理论和实证相结合的方法研究人民币汇率的相关问题。理论方面借鉴了西方汇率理论，与此同时，充分考虑我国实际情况，注重探讨西方汇率理论在我国市场的适用性。

三、本书的技术路线

（一）时间序列模型

一是 ARCH 族模型及其扩展。扩展的 ARCH 族模型可用于研究人民币汇率与其他变量之间的动态相关关系，实证中常见的有 GARCH、EGARCH、TGARCH 模型系列。二是向量自回归（VAR）模型及其扩展，常被用于研究汇率和其他变量之间受到冲击时的交互影响。常见的扩展模型包括时变参数 VAR 模型、面板 VAR 模型等。

（二）回归模型

回归分析是研究变量间相互依赖的定量关系的一种统计分析方法。具体实践中，又有二元线性回归、多元线性回归、面板回归等细分方法。本书涉及的回归模型包括多元线性回归、面板回归、混频回归、离散选择模型等。线性回归是最基础的回归模型之一，使用线性预测函数来建模，能较好实现拟合、预测等功能。面板数据具有时间序列和截面两个维度，可以克服时间序列分析受多重共线性的困扰，较时间序列数据和截面数据能够提供更多信息。混频回归顾名思义，其各个变量是不同频的，能够将低频数据的准确性与高频数据的及时性相结合，兼顾准确性与及时性，增加模型预测结果的精确度和可信度，在经济金融领域，适用于需要同时考虑低频经济数据和高频金融数据的模型。离散选择模型解决了普通模型要求因变量是定量变量而不能是定性变量的缺陷，可以度量某种情形发生的概率，在经济金融领域适合用于风险事件研究。

(三) 随机过程

建立合适的随机过程模型，可以描述与汇率相关的多种变量，也可以描述各个变量之间的相关性。例如，资产价格本身的变动可以被视为一个随机过程，资产价格波动率的变化同时也是一个随机过程，二者之间可能存在相关性，可以增加存在相关性的随机因子来驱动。还有一些学者用随机过程来研究外汇储备的变动。实证中常见的随机过程模型有布朗运动、随机波动率（SV）模型、马尔科夫机制转换模型等。随机过程可用于对人民币汇率的路径建模，在拟合和参数估计的基础上，观察人民币汇率波动的特征和规律。

(四) 动态随机一般均衡（DSGE）模型

动态随机一般均衡模型可用于探讨经济体系中各变量如何随时间变化而变化的动态性质。其可研究的问题非常广泛，包括各种冲击（货币政策冲击、价格冲击等）对汇率及其他经济变量的影响、均衡汇率的计算及其影响因素研究、汇率政策选择等。

(五) 蒙特卡罗（Monte Carlo）模拟

蒙特卡罗模拟方法的基本思想是通过大量的"试验"，观察实验结果来计算某种事件出现的概率或某个随机变量的期望值。在金融市场中，可用于计算期望收益率、波动率等，实现对未来的预测。常被运用于风险和不确定性建模、金融产品定价等领域。

四、本书的框架

本书的框架安排如下：

第一章为绪论。主要介绍研究背景、研究方法和技术路线等，引出本书的研究内容。

第二章为汇率相关理论及文献回顾。从汇率概念的界定出发，对汇率决定理论、汇率制度选择、汇率与货币政策、对人民币汇率的实证研究及波动率相关理论做了梳理。

第三章为人民币汇率波动率的特征变化。以人民币对美元汇率为代表从波动率的均值回复性的一般特征出发，研究了"8·11"汇改以来，人民币汇率逐渐向市场化形成机制发展后，波动特征表现出的新变化，并通过回归模型研究了人民币汇率市场的"羊群效应"及逆周期因子在缓解"羊群效应"中的作用。

第四章为影响人民币汇率的基本面因素分析。首先，通过混频数据的回归分析研究中美利益、国际收支等基本面因素对人民币汇率的影响；其次，构建随机波动率模型，基于各因素估计出随机波动率模型的参数，通过蒙特卡罗模拟未来汇率波动率的浮动区间。

第五章为人民币汇率市场定价权问题研究。首先，通过定性描述和定量分析研究了在岸/离岸人民币汇率波动率的特征及变化趋势。其次，通过构建TVP-VAR模型，探讨了人民币在岸汇率、离岸汇率及远期汇率的相互影响，并分析了离岸市场流动性在其中发挥的作用。

第六章为基于外汇期权隐含波动率的汇率区间预测。首先，介绍了隐含波动率的详细定义、风险逆转指标和蝶式指标对汇率趋势及波动率的预测能力，并推导了未来一年内不同期限的汇率分布。其次，为验证该模型的有效性，对2019—2021年预测汇率区间与现实汇率区间进行了对比回测。

第七章为美联储货币政策对人民币的溢出影响。通过构建两国DSGE模型，以购买力平价理论为基础，计算经过巴拉萨—萨缪尔森调整后的均衡汇率路径，随后在模型中对外国利率及货币供应量施加扰动，以研究美联储加息和缩表等货币政策对人民币汇率的影响。

第八章为跨境资本流动、外汇市场压力及预警。主要考察经济周期、金融周期差、金融开放与发展水平因素对跨境资本流动的影响以及对人民币汇率的压力。基于对以上影响因素的分析，以 Probit 面板模型构建了跨境资本流出风险预警系统，考察发生跨境资本流出风险危机的可能性。

第二章 汇率相关理论及文献回顾

一、汇率概念的界定

(一) 名义汇率 (Nominal Exchange Rate)

名义汇率是在市场交易中形成的双边汇率或由官方规定并公布的汇率,是两种货币的相对价格,也就是现实中买入一定量外币所需要支付的本国货币数量。名义汇率的表达方式分为两种,分别是直接标价法和间接标价法。直接标价法是指用本币表示的单位外币的价格;间接标价法是指用外币表示的单位本币的价格。

(二) 实际汇率 (Real Exchange Rate)

实际汇率是用两国价格水平对名义汇率进行调整后的汇率,即对名义汇率剔除通货膨胀因素。计算方法为 eP^*/P。其中,e 为直接标价法的名义汇率,P^* 为以外币表示的外国商品价格水平,P 为以本币表示的本国商品价格水平。实际汇率反映了以同种货币表示的两国商品的相对价格水平,从而反映了本国商品的国际竞争力。

(三) 名义有效汇率 (Nomial Effective Exchange Rate)

名义有效汇率是以贸易比重为权数计算的有效汇率。选择与本国有密切贸易往来的国家货币作为篮子货币，为每一个双边汇率确定权重，再加总便得到名义有效汇率。实际测算中，权重一般以本国与另一国的双边贸易额占本国总体贸易额的比重来计算，即 $\sum_{i=1}^{n} e_i \omega_i$。其中，n 为与本国有贸易往来的国家数量；$e_i$ 为本国与第 i 个贸易伙伴国家之间的双边汇率；ω_i 为本国与第 i 个贸易伙伴国家的贸易量占本国与所有 n 个贸易伙伴国家之间贸易总额的比重，$\sum_{i=1}^{n} \omega_i = 1$。

（四）实际有效汇率（Real Effective Exchange Rate）

实际有效汇率是以名义有效汇率为基础，将该国当年的物价上涨因素剔除后所取得的汇率。它不仅将主要贸易伙伴国的货币变动考虑在内，而且剔除了通货膨胀因素，与名义有效汇率相比，更能体现一国货币的购买力的相对大小和国际竞争力。实际有效汇率下降代表该国货币贬值，反之则升值。实际有效汇率的计算方法为：$\sum_{i=1}^{n} (e_i P_i^* / P) \omega_i$。其中，n 为与本国有贸易往来的国家数量；$e_i$ 为本国与第 i 个贸易伙伴国家之间的双边汇率；P_i^* 为以外币表示的第 i 个贸易伙伴国商品价格水平；P 为以本币表示的本国商品价格水平；ω_i 为本国与第 i 个贸易伙伴国家的贸易量占本国与所有 n 个贸易伙伴国家之间贸易总额的比重，$\sum_{i=1}^{n} \omega_i = 1$。

（五）均衡汇率（Equilibrium Exchange Rate）

一般认为，均衡汇率是指能够在一定时期内使国际收支维持均衡，而不引致国际储备净额变动的汇率。当实际汇率偏离均衡汇率时即为汇率失调。如果实际汇率大于均衡汇率，表示本币被高估，反之则表示本币被低估。在实践中，均衡汇率是难以观测的，并且会受到多种因素的影响，如贸易、资本流动、利率、通货膨胀率等，只能在一定的假设前提下采用一定的方法进行估算。一国实现均衡汇率时的经济要满足三个条件：首先，在国内外现有的自然资源、设备、技术、成本以及正常就业水平和关税等条件下，国际收支在一定时期不会受到不适当的压力；其次，国际借贷的意愿和能力不会受到不适当的压力；最后，没有黄金大量外流。

由于各种经济金融影响因素和外在条件不断变化，均衡汇率也是一个动态变化的量值。虽然均衡汇率难以测算，但研究均衡汇率仍有较为重要的意义：均衡汇率作为一个基准，可以初步判断当前汇率是否严重失调、是否需要采取措施等，为汇率风险的管理和规避提供了重要的参考依据。

二、汇率决定理论

（一）传统汇率决定理论

汇率决定理论自诞生以来就不断地发展壮大，包括购买力平价理论、利率平价理论等经典理论。这些理论中很多仍然是如今一些政策制定的主要参考依据。

1. 购买力平价理论（Purchasing Power Parity）

1922年瑞典经济学家卡塞尔提出的购买力平价理论是汇率形成的基础学说。购买力平价的主要思想是：价值尺度以及支付手段是货币的基本功能，而纸币本身没有价值，纸币所代表的价值是由货币的购买力决定的。由于外币在外国市场具有购买商品和服务的能力，本币在国内市场具有购买力，所以才形成人们对外币和本币的需求。在纸币不可兑现的条件下，货币之间的兑换基础应是各货币的国内购买力。一价定律是购买力平价理论的基础。一价定律即在没有运输费用、贸易壁垒时，相同品质的商品，不管在哪个市场中，其价格只有一个。在两国没有贸易障碍、交易成本为零、信息充分的假设前提下，套利的存在总使得一价定律成立，也就是说，两个完全相同的商品以同一种货币表示时的价格必须相同。

购买力平价可分为绝对购买力平价和相对购买力平价。绝对购买力平价是指本国货币与外国货币之间的汇率等于本国与外国货币购买力或物价水平之间的比率。相对购买力平价是指两国货币的汇率水平将根据两国通胀率的差异而进行相应的调整，即本币升值或贬值取决于本国与外国的通货膨胀率之差。

可以看出，绝对购买力平价是一种静态分析，描述的是某一时点上汇率的决定，而相对购买力是一种动态分析，描述的是两个时点内汇率的变动，但二者的基本思想是一致的。

从总体上看，购买力平价理论较为合理地解释了汇率的决定基础，该学说至今仍受到西方经济学者的重视，被广泛地应用于预测汇率走势的数学模型中。但它忽略了国际资本流动等其他因素对汇率的影响，具有一定的局限性。

2. 利率平价理论（Interest Rate Parity）

利率平价理论最早由英国经济学家凯恩斯提出，他将远期汇率的决定和变动同利率差异联系起来。现代利率平价理论的一个重要前提条件是：国际资本市场可以自由流动，资金供给充分，货币可以自由兑换，套利资本的跨国流动保证了一价定律也适用于国际金融市场。现代利率平价理论的原理是通过在不同国家市场上的套利活动来实现的。远期汇率的均衡值与即期汇率值存在差异时，表现为远期汇率的升水或贴水。只有当两国利率变化相一致时，远期汇率才等于即期汇率。两国利率的差异必然从这两国的即期汇率与远期汇率的差异上反映出来。在已知两国利率和即期汇率的条件下，通过资金的跨国套利分析，就可以根据利率平价关系求出这两种货币的远期汇率。在有效的外汇市场上，如果不考虑交易成本，套利活动最终使得外汇市场处于均衡状态。

但是，利率平价理论的成立需要一个重要的前提条件，即国际资本市场可以自由流动，资金供给充分，货币可以自由兑换。在满足上述假设前提的条件下，套利资本的跨国流动才能保证一价定律在国际金融市场也成立。

利率平价理论不仅在理论上揭示了汇率变动与两国利率差之间的关系，也揭示了通过远期汇率交易套利的原理，为汇率风险投资者提供了套利的交易指南。

3. 国际收支理论（Theory of Balance of Payment）

国际收支理论以国际收支变动对汇率变动的影响为视角，讨论汇率的决定问题，在20世纪已有较深远的发展。国际收支理论认为，在纸币流通的条件下，汇率主要是内外汇的供求决定的，而外汇供求状况主要取决于一国国际收支状况。当一国国际收支出现逆差时，该国的外汇需求大于供给，此时外汇汇率将上升，本币汇率将下跌。相反，如果一国国际收支出现顺差，外汇供大于求，该国货币的汇率将上升，外汇汇率将下降。根据该理论，本国国民收入的变动、外国国民收入的变动、本国物价水平的变动、外国物价水平的变动、本国利率与外国利率的差异等，都会对汇率的决定起到重要作用。

4. 资产货币理论（Asset of the Monetary Theory）

资产货币理论最早可追溯到Cagan（1956）的研究。该理论认为，汇率是两国货币的兑换比率，是两国货币的相对价格而不是两国商品的相对价格，强调货币供求在决定过程中的作用。资产货币理论把购买力平价和货币数量方程式结合起来，实际产出与货币需求之间的联系是货币数量论的核心。资产货币理论又可分为弹性价格货币模型和黏性价格模型。在弹性价格货币模型下，汇率变动与本国货币供给成正比,与国外货币供给成反比。在黏性价格模型(即汇率超调模型)下,假定货币市场失衡后,商品市场价格具有黏性,但证券市场反应极其灵敏,利率将立即发生调整,使得货币市场在短期内恢复均衡,因此短期内利率必然超调——调整的幅度超过长期均衡水平。商品市场价格在长期内才能完成因货币市场失衡带来的调整。

(二) 现代汇率理论

众多传统汇率理论从商品相对价格、资本市场、国际收支、资产组合等角度对汇率变动作出解释,每个理论有不同的关注重点,也存在其片面性,在完整阐述汇率变动的决定问题上都有所欠缺。随着主要经济体汇率制度从固定汇率向浮动汇率制度转变,汇率的波动幅度加大,汇率变动的规律变得更加复杂。20世纪下半叶,诞生了更多现代汇率理论,尝试拓宽阐释汇率问题的角度。

1. *调整后的购买力平价:巴拉萨—萨缪尔森效应*

巴拉萨—萨缪尔森效应由 Balassa(1965)和 Samuelson(1964)分别独立提出,是解释偏离购买力平价最常用的因素。由于国与国之间贸易品与非贸易品领域劳动生产率的差异,导致购买力平价的扭曲。贸易品部门劳动生产率提高将导致该部门工资增长率上升,从而带动劳动生产率并未明显提高的非贸易品部门工资上涨,再带动非贸易品产品价格的上涨。假设贸易品价格不变,那么非贸易品相对贸易品价格的上涨将带来该国一般物价水平的上涨,从而提高实际有效汇率。

此后,很多学者对这一理论逐步进行了修正和完善,比如考虑生产率提高引起的贸易品和非贸易品需求量的变化、放松原理论中的市场完全竞争假设、放松原理论中的完全国际资本流动假设、考虑贸易条件等其他宏观经济变量等。

2. *资产组合平衡汇率模型*

Branson 和 Henderson(1985)认为,国内外资产具有不完全替代性。国内外资产的风险差异除汇率风险外,还包括其他风险,因此,主张用"收益—风险"分析法取代套利机制的分析。该理论认为,各种资产之间的预期收益、风险水平各不相同,投资者基于理性行为原则,对不同资产的选择意愿也不尽相同。一切会引起预期收益、风险等变化的基本因素发生改变,都会让投资者调整本币或外币资产组合,导致国际资本流动,从而影响外汇供求和汇率。资产组合平衡汇率模型克服了货币论中关于国内外资产完全替代的假定,并纳入了传统理论所关注的经常账户收支。

3. 微观市场结构理论

微观市场结构理论是20世纪90年代后发展起来的一种汇率决定理论,注重外汇市场微观结构,而非传统宏观经济变量在汇率决定中的作用。该理论框架下,信息可以是不对称的,交易者也是异质性的。信息的不对称和分散导致汇率变动和宏观基础变量的变动不一致。汇率能完全反映所有的公开信息,但不能反映所有的信息。在没有新宏观信息的条件下,汇率也会发生变化,是因为以交易为主的微观经济活动在传递信息。

4. 理性预期汇率理论

理性预期汇率理论认为理性预期是决定汇率的主导因素。这是由于汇率由外汇市场的供求关系决定,而外汇市场的供求又是由微观经济主体的理性预期决定的。因此,每一个外汇市场参与者都是具有理性预期的经济人,该经济人在买入或卖出外汇时,会尽可能最有效地利用现有的所有可以被利用的信息,并以自己对即期汇率未来水平的看法——汇率的主观预期为指南。在市场上所有行为人的交易行为都会影响汇率市场供求,并形成汇率价格。

(三) 均衡汇率理论

1944年,美国经济学家诺克斯将均衡汇率定义为:在一定时期内,使国际收支保持均衡而不引起国际储备额变动的一种汇率。这一定义被多数西方经济学家所赞同。但由于统计技术限制,直至20世纪80年代,计量经济学得到广泛发展和应用后,均衡汇率的研究才开始快速发展。目前,主要的均衡汇率理论大体上可分为四类,分别是基本要素均衡汇率理论(Fundamental Equilibrium Exchange Rate,FEER)、自然均衡汇率理论(Natural Real Exchange Rate,NATREX)、行为均衡汇率理论(Behavioral Equilibrium Exchange Rate,BEER)和均衡实际汇率理论(Equilibrium Real Exchange Rate,ERER)。

1. 基本要素均衡汇率理论(FEER)

Williamson(1994)提出了基本要素均衡汇率理论。它的基本理论是把均衡汇率定义为与宏观经济均衡相一致时的实际有效汇率水平。其中,宏观经济均衡被分解为外部均衡与内部均衡两部分。内部均衡是指经济满足充分就业和低通货膨胀。外部均衡的特征是在保持内部均衡时,仍有可持续的净资本流动。

FEER模型将经常账户和资本金融账户的总和作为判断国际收支平衡的标

准,认为宏观经济的核心是经常账户和资本金融账户之和等于零。FEER 模型认为国内外的需求和实际有效汇率等因素共同决定经常账户余额。资本账户余额的中期均衡值一般在对相关经济因素考察后通过主观判断即可获得。在经常项目各项参数给定的条件下,通过外生的可持续的净资本流动额就可测算出 FEER 的值。

2. 自然均衡汇率理论(NATREX)

自然均衡汇率理论是 Jerome 在 1994 年提出的。该理论下的均衡汇率是指在不考虑周期性因素、投机资本流动和国际储备变动的前提下,由国际市场自发调节下促使国际贸易趋于平衡的中长期实际汇率。影响均衡汇率的经济基本面因素包括长期的国内和国外劳动生产率与中期的资本存量和净外债规模等。自然均衡汇率是一种移动均衡概念,现实当中宏观经济变量会不断受到外部冲击,均衡汇率也会因为内生和外生的基本经济因素的改变而发生变动。在资本高速流动的情况下,劳动生产率等基本经济因素都会对长期资本流动产生影响,再进一步对均衡汇率产生影响。

3. 行为均衡汇率理论(BEER)

行为均衡汇率理论是在 Macdonald（1998）中被提出的。它在经济内外部均衡的分析框架下,将影响汇率的基本经济要素向量引进模型来解释实际汇率行为,具体包括具有长期持续影响的经济基本因素向量、有中期稳定影响的宏观经济因素向量、有短期影响的暂时性因素向量以及随机扰动项,再运用协整方法估计均衡汇率水平和汇率失调程度。由此可知,BEER 是用现实的实际有效汇率的决定因素来估算均衡汇率,而不是测算当经济达到内外均衡时的均衡汇率。从已有研究来看,BEER 测算均衡汇率具有较强的可操作性,也是学者测算均衡汇率时使用较多的理论。

4. 均衡实际汇率理论(ERER)

均衡实际汇率理论模型是 Edwards（1989）建立的适合发展中国家的均衡汇率模型,而后经 Ibrahim（1994）和 Edwards（1993）等进一步扩展完善。该模型以发展中国家普遍存在的贸易壁垒、黑市交易和实行外汇管制为基础,在此模型中,均衡汇率是指贸易品相对于非贸易品的价格。当经济满足以下四个条件时,经济就处于一个稳定状态,汇率也就达到了长期均衡水平:①非贸易品市场出清;②外部经济实现均衡;③财政政策达到可持续(即政府支出等于不扭曲的税收收入);④资产组合实现均衡。通过以上均衡条件和联立方程组就可求得长期均衡汇率。

(四) 总结与评述

不同汇率决定理论分别从货币因素、宏观基本面因素、市场因素、预期因素等不同的角度对汇率的决定和变动进行了研究，在汇率决定体系中互为补充。总体来说，汇率决定理论的发展历程从微观主体的资产选择扩大到考虑经济总量、国民收入、贸易和资本流动等，内容不断全面、体系不断完善。虽然汇率决定理论在不断完善突破，但仍没有一种理论能完全解释清楚汇率的变化规律。大量的实证研究表明，各种汇率决定理论可能存在对现实汇率变化解释能力较弱、不同汇率理论之间相互矛盾等问题。把握汇率变化，仍需要理论界不断探索，找寻新的方法。

三、汇率制度选择

(一) 国际主流汇率制度演进

在国际金融史上，随着时间的推移，共出现过三种主流汇率制度，即金本位体系下的固定汇率制、布雷顿森林体系下的固定汇率制和牙买加体系下的自由汇率制。

1. 金本位体系下的固定汇率制

1816—1914 年，占世界经济比重较高的主要西方国家先后开始实行金本位制。各国在流通中使用的货币是按照一定成色和重量打造而成的金币，各国在保证成色的前提下可以自由地铸造金币，也可以跨国自由兑换。只要两国货币的含金量相对不变，两国的双边汇率就可以保持稳定。当一国国际收支逆差时，黄金外流，货币流通量减少，通货紧缩，物价下降，从而提高商品在国际市场上的竞争能力，输出增加，输入减少，国际收支恢复平衡；反之，当国际收支发生顺差时，黄金流入，货币流通量增加，物价上涨，输出减少，输入增加，国际收支恢复平衡。

1914 年，第一次世界大战爆发，各国停止黄金的自由输出和输入，金本位体系随即走向解体。第一次世界大战到第二次世界大战之间,各国汇率制度没有普遍的规则,各国货币相继贬值。

2. 布雷顿森林体系下的固定汇率制

布雷顿森林体系下的固定汇率制也可以说是以美元为中心的固定汇率制。在1944年7月,二战胜利前夕,美国邀请参加筹建联合国的44国政府代表在美国新罕布什尔州的布雷顿森林村召开了"联合和联盟国家国际货币金融会议",通过了《国际货币基金协定》和《国际复兴开发银行协定》,总称布雷顿森林协定,自此拉开了布雷顿森林体系的序幕。

布雷顿森林体系是以美元和黄金为基础的金汇兑本位制,又称"美元—黄金本位制"。简单来说,就是美元与黄金挂钩,其他货币与美元挂钩的"双挂钩"体系,这意味着其他货币都要以钉住美元为目标,美元处于中心地位,起世界货币的作用。由此,美元就成为国际清算的支付工具和各国的主要储备货币。但该体系的运转存在内部矛盾:处于中心地位的美元,要保证币值稳定,需要美国有足够的黄金储备,美国国际收支必须保持顺差,从而使黄金不断流入美国而增加其黄金储备;其他国家要获得外汇储备,就需要美国国际收支保持逆差,否则全世界就会面临外汇储备短缺的问题。随着美国逆差的增大,美元的黄金保证不断减少,美元贬值压力不断加大。1971年和1973年,美元两次贬值。欧洲国家及其他主要资本主义国家纷纷放弃本国货币与美元的固定汇率,采取浮动汇率制。

3. 牙买加体系下的自由汇率制

布雷顿森林体系崩溃后,国际金融形势动荡不安,国际间为建立一个新的国际货币体系进行了长期的讨论与协商,直至1976年1月,国际货币基金组织理事会"国际货币制度临时委员会"在牙买加首都金斯敦举行会议,讨论国际货币基金协定的条款,签订达成了"牙买加协议"。"牙买加协议"的核心内容是确立了浮动汇率制度的合法地位,同时允许各国在汇率制度上拥有自由的选择权,国际储备呈现多元化局面。虽然美元仍是各国外汇储备的主要组成部分,但各国还可以选择黄金、欧元、日元以及特别提款权(Special Drawing Rights, SDRs)等作为国际储备。

在牙买加体系下,大多数发达国家选择实行浮动的汇率制度,而大多数发展中国家继续实行与一种或一篮子货币保持钉住的汇率制度。

（二）汇率制度选择理论

国际金融界关于汇率制度选择的经典理论有：蒙代尔—弗莱明模型、最优货币区理论、三元悖论、两极论以及政府公信力理论等。

1. 政策搭配论

Fleming（1962）和 Mundell（1960）主要研究了不同汇率制度下的不同经济政策的效果。研究发现，一国在资本完全流动的开放条件下，若实行固定汇率制度，则采取财政政策较有利于收入水平的提高；若实行浮动汇率制度，则采取货币政策较有利于经济的发展。在资本不完全流动的条件下，一国若是实行固定汇率制度，政府不论采取何种经济政策都无效；若是实行浮动汇率制度，则长期的财政政策与货币政策都会促进经济的发展。

2. 最优货币区理论

最优货币区是指最符合经济、金融上某些条件的国家或地区组成的货币区，这些国家的货币汇率相互钉住或使用统一货币，但区域内与区域外的货币汇率保持浮动。Mundell（1961）首先提出了最优货币区理论，他认为，要素流动性高的地区可组成货币区，实行固定汇率制。Ingram（1962）则主张在金融一体化程度较高的地区最适合实行固定汇率制。Mckinnon（1963）从经济开放度的角度来衡量最优货币区的标准，他认为，经济开放程度高的经济体之间更适合维持固定汇率。Peter（1969）提出，产品多样化程度高的经济体能更好地抵御外部冲击，会更适合组成货币区、实行固定汇率制。Harberler（1969）强调，通货膨胀率相近的国家更适合维持固定汇率。

欧元区是最优货币区理论的实践阵地，即在欧洲部分国家统一使用欧元，在促进区内贸易、投资、降低要素流动成本等方面发挥了积极作用。但欧元区的实践也表明，最优货币区存在一定脆弱性，尤其在面对主权债务危机和金融危机时，容易暴露出欧元区内各国存在的矛盾和目标冲突。

3. 经济结构论

经济结构论认为一国的经济结构特征是影响其汇率制度选择的决定性因素，并将汇率制度分为钉住汇率制度和浮动汇率制度两大类。该理论认为，发展中国家是否采用固定汇率制度的参考标准主要包括以下因素：经济规模小、金融市场发育不完全、人均 GDP 低、进出口价格弹性低、经济开放程度高、生产要素流动性高、产品多样化程度低、通货膨胀率相近、实行资本管制、国际储备充足、经济波动主要来自国内、产出变动高、货币冲击占主导地位。若一国具备以上因素中的多数，则宜选择固定汇率制度，否则适宜选择浮动汇率制度。

4. 其他理论

三元悖论是在蒙代尔—弗莱明模型的基础上产生的。该理论认为，一国不能同时实现资本自由流动、汇率稳定和独立的货币政策这三个目标，只能实现其中的两个，即要保持汇率稳定，就必须实行资本管制或放弃货币政策的独立性；若要实现货币政策的独立和资本自由流动，则只能选择浮动汇率。

两极论者认为，在金融开放环境中，适合发展中国家的汇率制度只有自由浮动汇率制度和固定汇率制度。代表性观点有：Eichengreen（1998）、Obstfield 和 Rogoff（1995）认为，在国际资本流动的开放国家，随着时间的推移，中间汇率制度将逐渐不被采取，转而采取汇率制度的两极——固定汇率制和浮动汇率制。

政府公信力理论是指货币当局对汇率制度的选择强调公信力和灵活度之间的权衡（Giavazzi & Pagano，1988）。以 Barro 和 Gordon（1983）提出的关于货币政策公信力的理论为基础，20 世纪 80 年代的一些文献发展了这一思想，认为固定汇率制有利于引入来自外国央行的低通胀政策的公信力。大多数研究者强调通过采取固定汇率制来获得公信力。支持固定汇率的主要论断是：固定汇率可以使货币政策更加可信，因为采取宽松的货币和财政政策将最终导致国际储备的枯竭，且固定汇率制度的崩溃对政策制定者来说意味着较大的政治成本。根据这个论断，固定汇率制带来了更高程度的公信力；浮动汇率制度允许一个国家有独立的货币政策，可以提供灵活度来应对国内外的冲击。

（三）汇率制度选择的影响因素

1. 国际贸易

固定汇率的优势在于：汇率是长期稳定的，这有助于为市场主体建立稳定的预期，从而对国际贸易发展起到促进作用。浮动汇率的优势在于：汇率在市场上是由供求决定的，市场力量决定的汇率往往更能实现资源的最优配置。浮动汇率下，汇率变动的不确定性较高，从风险规避的角度来看，浮动汇率会对国际贸易的稳定性产生负面影响，虽然外汇衍生品能够提供风险对冲工具，但在发展中国家，由于金融市场不成熟，交易渠道缺乏，往往导致风险对冲的成本较高，无法有效对冲汇率波动的风险。

2. 通货膨胀

理论和经验研究都表明,固定汇率制度的反通胀效果要优于浮动汇率制度。固定汇率制度下,钉住国的政策受到一定约束,在钉住国通胀率显著高于被钉住国时,资本有较大外流压力,固定汇率可以被视为一种承诺,即使消耗外汇储备,也要保持汇率钉住。在浮动汇率制度下,政府不再受国际收支的"纪律约束",就有可能利用膨胀政策发展国内经济,让汇率去承担国际收支失衡的后果,这将导致物价水平的上涨,加速通货膨胀。

3. 内外部冲击

弗里德曼认为,浮动汇率制度能较好地隔绝外部冲击。浮动汇率在贸易冲击形成后,能更好地调整实际产出,因为当受到负面冲击的影响时,浮动汇率制度可以使名义汇率相应地贬值。实证分析也表明,在发展中国家,浮动汇率制度能更好地使经济体避免受外部冲击的干扰;而固定汇率可以更好地处理内部冲击,如通胀率或利率的暂时性变动等,外汇储备的增减可以作为一种缓冲器,避免汇率频繁地波动。

4. 汇率的波动与背离

在固定汇率制下,市场总是在发展变化,而均衡汇率的调整总是滞后于市场需求的变动,存在汇率的背离问题;在浮动汇率制下,由于货币市场的调整速度快于商品市场的调整速度,存在汇率超调,从而导致汇率可能长时间处于没有经济基本面支撑的水平。

(四) 总结与评述

汇率制度选择理论是一个动态发展的理论体系,但无论何种汇率制度选择理论都具有一定的适用性,可能在解释部分国家和地区的汇率制度选择问题时是行之有效的,在解释其他国家和地区的汇率制度选择时结果不尽如人意。不同的汇率制度也各有优势和劣势,不存在一种汇率制度同时适用于所有国家,各国选择汇率制度,均是建立在充分考虑本国的经济结构、内外部经济条件以及希望实现的政策目的等多方面因素的基础上,汇率制度选择理论也随着这些因素变化不断与时俱进。

四、汇率传导机制及影响

（一）汇率传导渠道

汇率传导（Exchange-Rate Pass-Through）是国际经济学中的一个重要研究领域。狭义层次上的汇率传导主要指对进口商品价格的传导；广义层次上的汇率传导，指的是国内价格水平（包括消费者价格、生产者价格、投资品价格、零售价格、批发价格等不同价格指标）对汇率变动的反应程度。关于汇率传导的文献，研究较多的是汇率对进口品价格和消费者价格的传导。

名义汇率波动影响价格变化的渠道和路径，称为汇率传导机制。汇率变动对一国国内物价水平有重要影响，但对不同价格指标的影响机制和影响效果是不同的。具体而言，汇率变动影响一般物价水平的渠道和机制主要包括直接传导机制、货币工资机制、生产成本机制等。

1. 直接传导机制

汇率变动最直接影响的是进口品价格。一般而言，本币贬值，将直接提高进口品的国内价格，而本币升值一般会降低进口品的国内价格。

2. 货币工资机制

从货币工资机制来看，本币升值，带动进口品价格下降，会推动居民生活费用的下降，从而导致在名义工资不变的情况下，实际工资上升。一方面，更高的实际工资要求购买更多的商品，而国内生产商面对相对下降的商品价格却没有动力生产更多的商品，生产量降低导致供需缺口的增大，国家不得不进口更多的商品，而更多的低价进口商品则加剧了这种通货紧缩。另一方面，由于工人实际工资的上升，企业会倾向于降低工资收入者的名义工资或减缓名义工资的上涨速度，较低的名义工资又会进一步推动企业货币生产成本和居民生活费用的下降，形成循环，最终使得出口商品和进口替代品乃至整个国民经济的一般物价水平下降。

3. 生产成本机制

本币升值，带动进口原材料价格下跌，将使得本国加工企业或者大量依靠进口进行生产的企业生产成本下降，从而推动一般物价水平下跌。

4. 货币供应机制

汇率变动对国内物价的影响方向是不确定的。以本币升值为例，本币升值后，由于货币工资机制和生产成本机制的作用，货币供应量可能下降。另外，在外汇市场上，本币升值后，净出口的下降或贸易逆差可能使中央银行在结汇方面减少本国货币投放，也会导致本国货币供应的下降，货币供给的减少倾向于降低国内的一般物价水平。但同时，本币升值尤其是公众对本币升值的预期，可能引发大量投机资本流入本国，资本流入会增加央行外汇储备和国内货币供应量，从而提高国内通货膨胀率。

5. 收入机制

如果国内对进口商品的需求弹性较高，本币的升值会导致进口总量增加。同样，如果外国对本国的出口产品的需求弹性较高，本币的升值会导致出口总量减少。贸易收支的恶化，会降低总需求，从而导致本国的收入减少和物价水平下跌。

6. 替代机制

除通过直接影响进口品价格进而影响消费品价格外，汇率变动也能通过影响国内进口替代品的价格，进而影响消费品价格。比如，一国货币升值，进口品价格降低，国内消费者将用进口品替代国内近似产品消费，使国内进口替代品的需求下降，从而带动国内一般物价水平下跌。

7. 预期机制

本币升值预期本身引起了物价水平的下降。一种货币升值趋势一旦形成，短期内往往难以逆转。在这种背景下，生产者把升值预期纳入特殊的生产成本，把升值对物价水平可能的负面影响纳入生产函数，进而影响生产的积极性。消费者因本币的升值预期而倾向于减少消费。这两方面的作用使得社会总需求相对不足，物价水平表现下降趋势。

8. 债务效应

本币升值后，偿还同等数量外债所需要的货币会减少，从而减轻外债负担，提高国内的有效需求，总需求的过剩对国内物价水平具有潜在提升和推动效应。

（二）汇率变动相关影响

1. 汇率变动影响经济增长

从理论角度来看，汇率变动对一国经济增长的最终影响存在不确定性。一方面，汇率贬值能扩大出口产品和进口替代品的生产，从而刺激总需求，在中长期内，汇率贬值能促使生产能力扩张从而有利于增加总供给。另一方面，汇率贬值会对经济增长带来一系列不利影响，具体包括：第一，外债增加。当汇率贬值时，政府、企业和个人所欠外债将同比例增加，这往往会使它们紧缩开支，造成经济紧缩。第二，资本外流。汇率贬值常常伴随资本外流，同时增加了经济下滑的可能性。第三，通货膨胀。汇率贬值可能引起通货膨胀。为了稳定物价，政府不得不采用紧缩性经济政策，也会对经济产生不利影响。第四，供给减少。如果国家必须依靠进口大量原材料和中间产品才能生产最终产品，汇率贬值意味着进口货物的价格上升，从而引起最终产品成本上升，这将导致生产曲线上移，从而减少产出。

从实证角度来看，既有汇率贬值对发展中国家经济增长起扩张效应的经验证据，但更多的却是紧缩效应的经验证据。Dornbusch 和 Werner（1994）通过经验分析得出，汇率升值不利于墨西哥产出增加，汇率贬值才有利于该国经济增长。Edwards（1988，1989）经验分析的结论是贬值对发展中国家具有紧缩性。Kamin 和 Klau（1998）发现汇率贬值短期内有紧缩效应，长期则为中性。

2. 汇率变动对贸易的影响——J 曲线效应

J 曲线效应是指：本国货币贬值后，最初经常项目收支状况反而会比原先恶化，进口增加而出口减少。其原因在于，最初的一段时期内由于消费和生产行为的"黏性作用"，进口和出口的贸易量并不会发生明显的变化，但由于汇率的改变，以外国货币计价的出口收入相对减少，以本国货币计价的进口支出相对增加，从而造成经常项目收支逆差增加或是顺差减少。经过一段时间后，这一状况开始发生改变，进口商品逐渐减少，出口商品逐渐增加，使经常项目收支向有利的方向发展，使经常项目收支状况得到根本性的改善。在这一过程中，贸易差额先减后增，曲线的函数图像与字母 J 相似，因此被称为"J 曲线效应"。

3. 汇率变动对外商直接投资（Foreign Direct Investment，FDI）的影响

Aliber（1970）提出，资本化率与一国的货币强弱是正相关关系，一国货币越强，该国的资本化率就越高。跨国公司的对外投资是资金从强货币国向弱货币国的一种流动。Froot 和 Stein（1991）提出，当跨国母公司国相对于其经营国外业务国的货币升值时，相同数量的外资就可购买更多业务国的商品，所以 FDI 就会更多地流入业务国。Goldberg（1993）提出，一个国家的经济部门可以分为贸易部门和非贸易部门，当本国的货币出现贬值时，贸易品的出口价格变低，竞争

力变强，外国投资者将会加大对贸易部门的投资。

五、汇率与利率的关系

（一）利率影响汇率相关理论

1. 传统学派

传统学派强调提高利率能吸引国外资本来本国投资，这会导致本币的升值，从而能够捍卫货币汇率。

根据凯恩斯相关理论，利率还会影响企业投资，投资会随着利率的变动而产生反方向变化。因此，利率上升时，货币供应量减少，国内投资和消费减少，从而抑制进口，外汇需求减少，最后使得本币汇率升值。

2. 修正主义观点

修正主义的观点强调，在金融危机期间，提高利率可能导致本币贬值。其原因在于，高利率对企业偿还贷款有负面影响，其违约率和破产风险上升，导致巨量的资本外逃并使得本币贬值。

3. 相关实证研究

学者们的实证研究大多支持传统学派观点，即利率与汇率之间是正相关关系。So（2001）运用多变量 EGARCH 模型研究了美元汇率和利率的动态关系，发现利率变化对本币币值变动有正向影响，并且二者之间存在着波动溢出效应。Furman 和 Stiglitz（1998）以 9 个新兴市场经济体暂时高利率为样本进行回归分析，结果发现利率与汇率是同方向变动的。Zettelmeye（2000）利用回归分析方法研究了澳大利亚、加拿大和新西兰货币政策冲击对汇率的影响，他发现紧缩的货币政策会导致本币升值。部分学者认为即使在金融危机时期，货币政策冲击对汇率的影响也与修正主义理论矛盾。Baig 和 Goldfajn（1998）以东南亚金融危机期间的名义利率和名义汇率日数据为样本，研究发现高利率并不会导致本币贬值。Ghosh 和 Basurto（2006）对 1997 年亚洲金融危机中欠发达国家的保护性货币政策进行研究，发现汇率与利率之间存在正相关关系。

也有部分学者的研究同时支持传统学派和修正主义，因此无法得出利率对汇率影响方向的结论。如 Baig 和 Goldfajn（1998）的研究结果发现，利率的变化不能充分解释汇率的大幅变动。Caporale 等（2002）利用双变量 VAR 模型，基于5个亚洲国家的数据，分析了亚洲金融危机以前和危机期间货币政策和汇率之间的关系。他们的发现既支持传统学派观点（高利率导致在金融稳定时期名义汇率的升值），也支持修正主义观点（亚洲金融危机期间从紧的货币政策存在过度效应，从而助推了汇率的进一步贬值）。

（二）汇率影响利率相关理论

学者们一般认为，汇率对利率的影响是负相关的。汇率升值将降低对将来利率水平的预期，预期未来短期利率下调会导致当前的长期利率水平走低。

1. 汇率影响利率的渠道

汇率变动影响利率通常通过价格、资本流动两个渠道。在价格渠道方面，当本币汇率贬值时，出口上升，国内商品需求大于供给导致国内物价上升，国内实际利率会下降，国内资金需求大于供给，最终名义利率上升。在资本流动渠道方面，汇率对利率的影响具有较强的不确定性。一方面，本币汇率贬值可能加强贬值预期，导致短期资本外逃，本币供给相对供应不足，本币利率上升；另一方面，本币汇率贬值时，根据抛补利率平价，远期汇率会升值，导致资本流入，本币利率下降。

2. 汇率波动对货币政策的影响

汇率对货币政策的影响，主要是指汇率对中央银行作为货币政策调控手段之一的基准利率的影响。Ball（1999）、Svensson 和 Lars（2000）等研究了汇率在货币政策规则中的作用。Ball（1999）发现，最优政策规则是汇率升值5%要求利率降低1.85个百分点，随后在下一期会产生0.85个百分点的回调以抵消升值的影响，这意味着要净调低1个百分点的利率。泰勒规则中，虽然没有考虑汇率，但是泰勒同样认为，汇率变动会间接影响货币政策。假设货币政策仅对通胀和实际产出做出反应，本币升值有两个效果：一是通过支出转换，降低实际 GDP；二是因为进口商品的价格上升幅度没有本币升值幅度大，国内通胀水平也可能因为产出水平的下降而下降。汇率对通胀和产出的影响将在滞后几期显现，即今天的汇率升值将降低对将来的产出和通胀水平的预期，因而也将降低对将来利率水平的预期。按照预期理论，预期未来短期利率下调会导致现在的长期利率水平走低。因此，尽管汇率没有直接进入货币政策规则，但汇率升值降低了目前的利率水平。如果货币政策规则的调整是基于对未来通胀和产出水平的预测,那么汇率升值对利率的影响效果将更强。

3. 相关实证研究

相关的实证研究有：Kim（2002）利用结构向量自回归模型（SVAR），针对三个汇率管理时期的欧洲国家（法国、丹麦和德国）分析货币政策对汇率的反应，发现1979—1997年，汇率冲击和利率冲击共同解释了法国45%~60%的利率变化，解释了丹麦35%~42%的利率变化，解释了德国10%~12%的利率变化，从而可以得出货币政策对汇率变动做出反应的结论。

六、对人民币汇率的研究

(一) 改革开放以来人民币汇率制度演变进程

改革开放以来，人民币汇率形成机制经历了几次较大幅度的改革。

1. 第一阶段：汇率双轨制（改革开放后至1994年）

1978年底召开了党的十一届三中全会，会议确立了以经济建设为中心和实施改革开放的重要决定，标志着改革开放基本国策的确立。从此开始了计划经济向市场经济的转轨时期，此段时期，双轨制是人民币汇率的重要特征。

计划经济向市场经济转轨时期的汇率双轨制又可分为两个阶段：一是贸易内部结算价与官方牌价的双轨制（1981—1984年），1984年以前，人民币汇率保留适用于非贸易外汇收支结算的对外公布的汇价，另外制定适用于贸易外汇收支结算的内部结算价。但自实施以来，汇率长期停留在1美元兑换2.8元人民币的水平上，随着国内物价水平上涨，外贸赤字以及财政赤字扩大，至1985年1月1日，外汇管理局停止使用内部结算价。二是官方汇率与外汇调剂市场汇率的双轨制（1985—1994年）。取消内部结算汇率制后，贸易收支与非贸易收支的结算均按照官方公布的人民币汇率水平。为了配合对外贸易改革，推行承包制，逐步取消贸易财政补贴，自1988年起，外汇管理局增加了外汇留成比例，并设立了外汇调剂中心，形成了官方汇率与外汇调剂市场汇率并存的局面。1985—1990年，人民币对美元汇率做出几次大幅调整，为了避免官方汇率调整造成的不利影响，

1991年4月9日起,官方汇率调整转为逐步微调的方式。这期间,随市场供求状况浮动的外汇调剂市场汇率波动情况是官方汇率调整的重要参考依据,人民币实际汇率是按照外汇留成比例计算的官方汇率和外汇调剂市场汇率的加权平均值。人民币汇率双轨制是计划与市场经济在汇率方面的结合,但双重核算标准存在制度弊端,如市场汇率通常会比官方汇率高出很多,导致大量的非正式外汇交易和资金流出,这也是推动汇率改革的主要原因之一。

2. 第二阶段:汇率并轨(1994—2005年)

1994—2005年,人民币汇率制度经历了从固定汇率制向浮动汇率制的转变过程。1994年1月1日,我国在外汇管理制度上进行了重大改革,放弃固定汇率制,开始实行双向浮动汇率制度,实现了人民币官方牌价汇率与外汇调剂市场汇率的并轨,同时取消了外汇留成制,推行银行结售汇制,由中国人民银行根据前一日银行间外汇交易市场汇率水平,并参照国际外汇市场上的汇率波动,每日公布人民币对美元以及其他主要国家货币的汇率,实行以市场供求为基础的、单一的、有管理的浮动汇率制度。中央银行对外汇市场的管理主要是指进入外汇市场通过影响供求关系操纵人民币汇率变动。在实行汇率并轨制时,1993年12月31日,官方汇率为1美元兑换5.7元人民币,市场汇率为1美元兑换8.7元人民币,并轨后依据市场汇率,人民币一次性贬值52.6%。此后人民币进入缓慢升值期,至1997年币值上涨到1美元兑换8.3元人民币,四年总升值幅度为4.6%。1997年7月,泰铢贬值引发了东南亚金融危机,东南亚各国货币纷纷贬值,给亚洲各国金融、经济造成巨大冲击,我国开始采取更加积极的干预措施,以保持人民币汇率的相对稳定。这一时期,人民银行在外汇市场上积极干预,通过定向调节和逐步放松管制,推动人民币汇率向着渐进浮动的方向发展,人民币币值保持稳定,1997—2003年维持在1美元兑换8.28元人民币的汇率水平。我国的人民币汇率制度也由"有管理的浮动汇率制度"变为了"钉住美元有管理的浮动汇率制度"。这一制度在帮助对外贸易企业规避汇率风险方面发挥了积极作用,使我国对外贸易事业实现了一段平稳的发展。

3. 第三阶段:渐进升值(2005年"7·21"汇改至2015年)

自2005年7月21日起,中国开始实行以市场供求为基础、参考一篮子货币进行调节、有管理的浮动汇率制度。人民币汇率不再钉住单一美元,形成了更富有弹性的汇率调节机制。人民币对美元汇率进行了一次性重估,由8.2765上调2%到8.11,并作为第二天的中间价。每日人民币汇率的中间价由"参考上日银行间市场加权平均价确定"修改为"参考上日收盘价确定",日内波动幅度仍为±0.3%。此后,中国人民银行在每个交易日闭市后公布当日银行间外汇市场美元、欧元等交易货币对人民币汇率的收盘价格,作为该货币在下一个交易日对人民币的交易中间价格。

"7·21"汇改后,人民币对美元汇率进入了较长时间的升值周期,从2005年汇改开始的1美元兑换8.11元人民币升至2014年初的6.04元人民币,累计升幅达25.5%。在此期间,国际金融危机的爆发影响了人民币汇率市场化进程。为应对危机,人民币汇率在2008年6月至2010年6月期间窄幅波动,保持基本稳定。2010年6月,在中国人民银行宣布"进一步推进人民币汇率形成机制改革,增强人民币汇率弹性"后,人民币汇率重新回到渐进上升的轨道。为提升人民币汇率的波动性,改变对人民币单边升值的预期,央行分别于2007年5月、2012年4月和2014年3月,三次扩大即期外汇市场人民币对美元交易价浮动幅度,由±0.3%扩大到±0.5%,再扩大到±1%及至±2%,以促进人民币汇率的双向波动。

4. 第四阶段:双向波动(2015年"8·11"汇改后)

伴随着外汇市场发展,中国人民银行仍在不断完善汇率形成机制,2015年8月11日,中国人民银行推出对人民币汇率中间价报价机制的改革,完善人民币对美元汇率中间价报价,即做市商每日在银行间外汇市场开盘前,参考上日银行间外汇市场收盘汇率,综合考虑外汇供求情况以及国际主要货币汇率变化向中国外汇交易中心(China Foreign Exchange Trade System,CFETS)提供中间价报价。自2016年2月开始,中间价形成机制转向"前收盘价+夜盘一篮子货币变动"的透明规则。"8·11"汇改通过人民币汇率形成机制改革,提高了人民币的市场化程度和自由化程度,改善了人民币在国际市场中的流通性和使用便利性,有力提高了人民币在全球货币体系中的地位和影响力,推动了人民币的国际化进程。

随着人民币国际化进程快速推进,人民币作为国际储备货币,与美元脱钩,推进汇率形成机制市场化改革成为必经之路。但是分析显示,我国外汇市场可能仍存在一定的顺周期性,容易受到非理性预期的惯性驱使,放大单边市场预期,进而导致市场供求出现一定程度的"失真",增大市场汇率超调的风险。如林伟斌和王艺明(2009)通过市场微观结构模型发现,即使宏观基本面没有出现变化,指令流也会使得汇率发生波动,同时外汇市场也受到外部干扰。王自峰等(2015)研究发现,外国官方的施压对人民币汇率制度的影响较显著,这表明人民币汇率形成机制会在一定程度上受到外部干扰的影响。在这种背景下，中国外汇交易中心开始通过使用或淡出逆周期因子以优化和完善人民币汇率市场化形成机制，适度对冲市场情绪的顺周期波动，缓解外汇市场可能存在的"羊群效应"。逆周期因子的使用有利于引导市场在汇率形成机制中更多关注宏观经济等基本面情况，使中间价报价更加充分地反映我国经济运行等基本面因素，增加人民币汇率弹性，形成有涨有跌的上下波动，更真实地体现外汇供求和一篮子货币汇率变化，推动人民币汇率更贴近均衡水平。

2017—2021年，逆周期因子共经历了"两进两退"。2017年5月，外汇市场自律机制汇率工作组首次将人民币对美元汇率中间价报价模型从"人民币对美元汇率中间价＝上日收盘汇率＋一篮子货币汇率变化"调整为"人民币对美元汇率中间价＝上日收盘汇率＋一篮子货币汇率变化＋逆周期因子"。具体操作中，可在上一日收盘价较中间价的波幅中剔除一篮子货币变动的影响，得到主要反映市场供求的汇率变化；在此基础上，通过逆周期系数对市场过度反应进行调整。2018年1月，我国跨境资本流动和外汇供求趋于平衡，人民币对美元汇率中间价报价陆续将"逆周期因子"调整至中性。2018年8月，受美元指数走强和贸易摩擦等因素影响，外汇市场出现了一些顺周期行为。人民币对美元汇率中间价报价行陆续主动调整了"逆周期系数"，以适度对冲贬值方向的顺周期情绪。2020年10月，外汇交易中心称："会陆续主动将人民币对美元中间价报价模型中的'逆周期因子'淡出使用。调整后的报价模型有利于提升中间价报价的透明度、基准性和有效性。"从逆周期因子调整规律来看，当人民币汇率出现持续贬值、市场形成单边贬值预期之际，逆周期因子就会被启动以对冲市场情绪的顺周期波动；当市场预期恢复理性，跨境资本流动趋于稳定之际，逆周期因子则会回归中性。

（二）人民币汇率指数构建

2015年12月11日，中国外汇交易中心发布CFETS人民币汇率指数。这是官方机构首次发布人民币有效汇率指数，意在引导公众更多地关注多边汇率，转变之前只钉住人民币和美元双边汇率的情况。CFETS以2014年12月31日为基期，货币篮子币种包括13种货币，分别是美元、欧元、日元、港元、英镑、澳大利亚元、新西兰元、新加坡元、瑞士法郎、加拿大元、马来西亚林吉特、卢布和泰铢，这些货币也是中国外汇交易中心挂牌交易的币种。各个币种的权重根据考虑转口贸易因素的贸易权重方法计算得到。中国外汇交易中心还公布了参考

BIS货币篮子和参考SDR货币篮子的人民币有效汇率指数。参考SDR货币篮子的汇率指数样本货币选择与BIS人民币有效汇率指数一致，对其中未在中国外汇交易中心挂牌交易的币种，其取价根据人民币对美元汇率和该样本货币对美元汇率套算得到，样本货币权重采用BIS估计的权重。参考SDR货币篮子的人民币有效汇率指数样本货币权重根据SDR货币篮子相对权重计算得到。

（三）人民币均衡汇率测算

国内外学者基于不同的理论模型，对人民币汇率均衡水平及汇率失调程度的研究较多。大部分研究认为，人民币在2005年前后存在被低估的现象，2008年金融危机后被低估幅度缩窄。

1. 基于购买力平价理论

基于购买力平价以及修正的购买力平价理论的研究包括：Cheung、Chinn和Fujii（2007）将160个国家的1975—2004年的数据，运用面板数据进行回归，估计出2004年人民币被低估约为50%。但是Cheung、Chinn和Fujii（2009）进一步研究的结论是截至2006年，人民币仅被低估10%左右。Motonishi（2009）采用相同的方法，对1990—2007年的数据进行分析，得出在2007年美元与人民币之间的汇率失调程度近于零。姚宇惠、王育森（2016）在购买力平价理论基础上考虑了资本管制因素，2011年以前人民币相对美元汇率被低估，2011—2014年期间则被高估。

2. 基于均衡汇率理论

FEER方面，Coudert和Dubert（2005）的研究结果表明，中国的实际有效汇率在2002—2003年是被严重低估的，其中相对于美元被低估的程度最大。Coudert和Dubert（2007）采用了类似的分析框架对人民币汇率被低估问题做了进一步的研究，他们发现采用FEER对人民币被低估程度的估计相对于其他方法所得出的被低估程度都要大，认为其主要原因是在2000年早期，中国的经常账户水平比正常情况下要大，人民币被低估程度的大小依赖于所设定的经常账户目标。胡春田和陈智君（2009）利用1994—2008年的数据对人民币汇率进行研究发现，人民币价位在2007年第二季度基本到位，2007年第三季度至2008年人民币继续加速升值可能造成升值过度。

BEER方面，由于选取变量、估计期间、所选择的国家及估计方法的不同，BEER模型估算均衡汇率时会产生差异。Macdonald和Dias（2007）基于1988—

2006年的季度数据，建立包含生产率水平、贸易额、贸易条件及真实利率的模型，计算出人民币相对于有效汇率水平被低估程度为8%~30%。Wang、Hui和Soofi（2007）运用协整分析方法估计出人民币汇率的波动幅度很小，并不存在较严重被低估的现象，同时提出中国的货币供应、央行所持有的外汇储备及中国的生产率水平对人民币长期均衡汇率起决定性作用。李艳丽和黄英伟（2015）认为，2000年以来，人民币实际有效汇率相对于均衡汇率出现了被低估的情况，但被低估程度并不高。

ERER方面，刘传哲和王春平（2007）基于结构突变的协整方法建立了ERER模型，发现人民币汇率在2002年以后存在一定程度被低估的情况。文先明等（2012）选择由Montiel提出的ERER改进模型，发现2008年金融危机后，人民币实际有效汇率被小幅高估，但人民币汇率错位修正机制存在，自我修正功能较强。吕江林和王磊（2009）严格按照ERER修正模型对人民币均衡汇率进行了重新测算后，认为除1998—2002年我国经济出现通货紧缩，人民币实际汇率被低估外，其他年份均为相对均衡汇率被高估。

3. 基于DSGE框架

20世纪90年代开始，动态随机一般均衡（DSGE）框架开始被广泛应用于宏观经济学研究领域，DSGE框架以微观主体的理性预期和最优化选择为基础，避免了更多主观设定，在解释经济增长、经济周期等问题上都显示了优越性，很快成为宏观经济学研究的主流方法之一。外汇市场上，DSGE方法的应用范围也较为广泛，包括研究各种冲击（货币政策冲击、价格冲击等）对汇率及其他经济变量的影响、均衡汇率路径的计算等。

近年来，国内也有很多学者在DSGE框架下研究人民币汇率问题，如刘尧成和徐晓萍（2010）模拟了供给冲击和需求冲击，认为外部冲击导致外部资产和汇率水平从均衡状态偏离，需要10~15年的时间实现最终收敛。杨治国和宋小宁（2009）在DSGE模型基础上分析了均衡汇率的内在决定机制，认为均衡汇率主要受到名义汇率、两国技术水平差异以及两国名义货币余额差异的影响。在货币余额差异不变的条件下，名义汇率扰动对均衡汇率并无明显的影响。尹双明、张杰平（2012）在开放经济DSGE模型的框架下，研究不同货币政策规则下实际汇率受到三种不同冲击后所产生的不同结果。国内技术冲击、国外利率冲击和国外通货膨胀冲击均使实际汇率产生波动。傅广敏（2017）基于两国DSGE模型研究表明：美国加息会导致中国通货膨胀率下降和股票价格下跌，人民币汇率贬值。

2008年国际金融危机爆发后,人民币汇率低估幅度迅速收窄。2009年之后实际有效汇率围绕均衡汇率小幅波动,趋向均衡。

(四) 人民币汇率波动的影响

1. 人民币汇率变化对价格水平的传递

大量对人民币汇率价格传递效应的实证研究发现,汇率对价格是不完全传递的,并且存在一定的时滞。如施建淮等(2008)采用VAR模型实证研究表明,2005年"7·21"汇改以后,人民币名义有效汇率对不同消费品价格的传递率存在显著差异,其中对食品、家庭设备类消费品价格的传递程度明显高于对其他类消费品价格的传递程度。中国人民银行营业管理部课题组等(2009)采用同样的方法考察了1997—2008年外部冲击(国际石油价格和人民币名义有效汇率)对我国国内物价水平及其分类价格指数的传递效应。实证结果表明,价格和汇率传递都是不完全的、滞后的和沿价格链递减的,且对分类价格指数的传递差异较大;相比人民币名义有效汇率,国际石油价格冲击对我国进口价格指数、生产者价格指数和消费者价格指数的传递率更高、影响更大。吴志明和郭予锴(2010)研究发现,2005年"7·21"汇改前后人民币汇率变动的传递效应均较低,且汇改后人民币汇率变动对工业品出厂价格指数的传递效应明显变小,而对消费者价格指数的传递效应略有增大。曹伟和申宇(2013)认为,汇率传递效应对中国的通货膨胀影响极为有限,中国的通货膨胀更多是由实体经济因素决定的。

2. 人民币汇率变化与经济增长

国内学者对人民币汇率变化与经济增长的关系进行了大量实证研究,但观点也存在分歧。李未无(2005)通过协整检验,发现人民币实际汇率贬值与国内生产总值(Gross Domestic Product,GDP)增长存在一定的长期均衡关系,认为人民币实际汇率贬值对中国经济增长起到了积极的促进作用。但邱嘉锋等(2012)同样通过协整检验得到人民币汇率与GDP存在长期正向稳定关系的结论。此外,也有部分学者的研究结果表明,汇率变动对经济增长的影响并不显著,或者依赖于经济周期的其他特征。如卢万青和陈建梁(2007)的实证结果表明,人民币汇率在一定范围内的升(贬)值,对我国经济的影响较小;蓝乐琴和胡日东(2014)考察人民币实际有效汇率和经济增长变动的非线性特征,结论表明,人民币汇率对经济增长影响的方向和强度不仅依赖其变动,而且依赖经济周期的具体阶段。

3. 人民币汇率变化对产业结构的影响

汇率变动具有实际收入效应，居民实际收入的变化会影响需求结构，进而改变不同产业间的相对价格，引起产业结构的变动。由于产业结构的优化对经济增长方式的转变具有重要影响，因此汇率变动在改变产业结构的同时，也会对经济增长方式产生重要影响（刘宇和姜波克，2008）。汇率对国内产业结构变化的影响通常具体表现在贸易和投资两个渠道上。陈瑞刚（2008）、林丽梅（2011）分析了人民币汇率通过对外贸易（进口额和出口额）和外国直接投资对产业结构调整的影响。王铮等（2016）认为，人民币贬值虽然有利于中国出口的增长和GDP的发展，但人民币贬值使得进口额上升幅度大于出口额增长幅度，不利于制造业技术改造升级和其在国民经济中优势的提升。王松奇和徐虔（2015）以对外贸易和外国直接投资作为人民币汇率变动调整行业结构的传导路径，发现人民币有效汇率对资本密集型行业和技术密集型行业的外国直接投资流入产生正向促进作用，但外国直接投资只对技术密集型行业的结构调整产生影响；人民币有效汇率对资本密集型行业和技术密集型行业的对外贸易产生显著影响，而对外贸易对资本密集型行业和技术密集型行业的产业结构产生显著影响。易靖韬等（2016）建立了汇率水平及波动率与工业产业结构的向量自回归模型，通过协整检验和脉冲响应函数考察了各变量间的长期均衡关系和短期冲击影响，实证结果表明，汇率升值并没有促进工业部门内的产业结构升级，但是汇率弹性的增加有利于工业部门内的产业结构向有益的方向发生改变。

（五）外部冲击与人民币汇率

1. 跨境资金流动冲击

跨境资本流动对外汇市场压力的影响主要是通过市场供求决定的。资本流出加剧时，外汇市场本币供大于求，形成汇率贬值压力。对于浮动汇率制的国家，货币将呈现出实际的贬值；对于未实现浮动汇率制的国家，货币当局进入外汇市场进行干预，通过买入本币，外汇储备减少。此外，由于资本流动与金融资产价格密切相关，短期资本流出时，将引起资产价格下跌，进一步吸引国际资本流出，导致本币贬值压力进一步提升。随着人民币在国际货币体系中地位的提升，以及跨境使用规模的扩大，人民币跨境流动也会在一定程度上影响人民币汇率的走势。若人民币流出增长，人民币收支逆差，国际外汇市场人民币供过于求，人民币汇率有下跌趋势；反之，如果人民币流入增长，人民币收支顺差，若国际市场供不应求，人民币汇率有升值趋势。跨境资本流动与人民币汇率波动两者相互作用、互相影响，直到达成均衡状态。

2. 美联储货币政策冲击

由于美元在国际货币体系中的主导地位，美联储货币政策对其他国家普遍具有溢入效应。一般而言，美联储加息或缩表意味着美元相对其他国家的货币更具有吸引力，促使国际资金流入美国。资金从新兴经济体流出会对新兴经济体货币汇率造成冲击。邵宇和范亚琴（2022）认为，美联储货币政策正常化会通过资产价格、资产配置需求以及实体经济的融资成本等渠道对全球金融产生系统性影响。

学者们对美联储货币政策对人民币的冲击进行了研究。大多数研究认为，美联储货币政策冲击短期内可能影响人民币汇率，但长期看，经济基本面因素和经济运行趋势是决定汇率稳定性的主要因素。赵文胜和张屹山（2012）采用短期约束和符号约束方法识别货币政策冲击，结果表明，中国减少货币供应量或美国采取宽松货币政策（降低短期利率）均会引起人民币对美元汇率升值，但中国的货币政策对汇率变动的解释能力更强。田涛等（2015）认为，美联储量化宽松货币政策会对人民币造成贬值压力，金融危机和美国量化宽松货币政策两者综合作用的结果是对人民币汇率产生显著的贬值压力。路妍和吴琼（2016）认为，美联储量化宽松货币政策的新变化必然对人民币汇率变动产生影响，即人民币相对美元贬值压力增加，相对日元和欧元不确定性增加，但目前宏观因素仍是影响人民币汇率变动的根本原因。欧阳志刚和张圣（2016）认为，美联储基准利率对人民币汇率波动的冲击效应较为显著。轩鹏程（2018）通过VEC模型进行实证分析表明，影响美元对人民币汇率的最主要因素是中美两国的货币供应量和经济增长程度。美联储货币政策对人民币汇率的影响渠道有货币供给渠道、利率渠道和收入渠道，且前两种渠道的影响较大。美联储货币政策趋紧将会造成人民币汇率贬值。邓文硕和张博闻（2021）通过MFD模型分析认为，美联储缩表通过利率、汇率、全球资本再配置这三方面机制对我国产生溢出影响，但影响程度更大层面取决于我国经济金融体系自身发展的阶段和特征。孔德钰（2019）选用中美利差、美国联邦基金利率、资产价格、汇率预期等六个变量构建的VAR模型研究结果表明，美联储加息后大量的资本外流对我国金融市场和外汇市场的流动性造成冲击，引起人民币币值持续向下波动，从中短期来看，将导致人民币迅速贬值，影响效果也最为显著，从长期来看，对人民币汇率波动的影响将逐渐减弱，主要影响因素仍为经济基本面和经济运行趋势。

(六) 央行干预与人民币汇率

国内有学者对央行干预与汇率的关系进行了研究,如李晓峰和陈华(2010)认为央行干预强度的减弱是推动人民币汇率波动幅度扩大的重要原因。高铁梅等(2013)建立 EGARCH 模型,表明央行的外汇干预会促使汇率保持相对稳定。陈华(2013)基于指数平滑转移门限自回归模型的实证结果表明,在 2005 年 "7·21" 汇改以来的大部分时间里,央行干预使得人民币汇率基本上处于"均衡"区制。王芳等(2016)发现,若中央银行以维持外汇市场"均衡区制"作为汇率政策目标,有效推动"偏离区制"向"均衡区制"回归,则可引导市场预期,使市场自我调节机制更好地发挥作用。

七、波动率相关理论研究

波动率是资产价格的不确定性,可以用来刻画市场的风险大小。研究中,用于度量波动率大小最广泛的方法是标准差,也有一些文献使用日内价格的极差来描述波动率。在现代金融理论和实践中,波动率起着至关重要的作用,是资产定价和风险管理的核心之一。传统期权定价模型通常假设资产价格序列的波动率是恒定的,但是许多实证研究纷纷表明波动率并不符合该特征,而是时变的随机变量。从 20 世纪 70 年代末开始,许多学者对随机波动率模型展开了深入研究,对波动率的建模和预测已经成为金融市场风险管理中的一个重要任务。这些已有的研究表明,不同资产的波动率之间存在一些共性,如波动率聚类现象、杠杆效应、长记忆性等。在建立波动率模型之前,有必要对波动率的这些特性进行探讨。

(一) 波动率特征

1. 波动性聚类 (Volatility Clustering)

波动性聚类现象广泛存在于股票市场、外汇市场及衍生品市场,指的是较大的波动率后往往伴随着较大的波动率,而较小的波动率后的波动率也较小,波动

率的时间序列表现出正的自相关性。这一概念最早由 Mandelbrot（1963）提出，他指出收益率本身 r_t 是不相关的，但是收益率的绝对值，即 $|r_t|$ 序列却存在一个显著的、缓慢减弱的正自相关关系，即 corr（$|r_t|$，$|r_{t+\tau}|$）>0，τ 的取值可从几分钟到几周不等。

Mandelbrot 的发现催生了 ARCH 模型和 GARCH 模型的诞生。ARCH 模型由 Engel 在 1982 年提出；GARCH 模型由 Bollerslev 在 1986 年提出。ARCH 模型的基本思想是：未来会受到已经实现的资产价格序列和波动率序列的影响，可以描述波动性聚类的特点。

2. 波动率的杠杆效应（Leveage）

波动率的杠杆效应指金融资产价格波动的非对称效应，表现为正向的冲击和负向的冲击对波动率的影响程度不同，实践中发现，一般负向冲击的波动更大。Shiller、Fischer 和 Friedman（1984）认为这种非对称效应可能是反馈效应和情绪波动的结果。Glosten、Jagannathan 和 Runkel（1993）的 TGARCH 模型和 Nelson（1991）的 EGARCH 模型都描述了波动率的杠杆效应，TGARCH 模型的基本思想是对条件方差方程进行分阶段阈值处理，通过增加虚拟变量来区分正负向冲击，不同方向冲击的影响幅度也有所差异。EGARCH 模型将条件方差用对数形式表示，通过残差进行变换来拟合数据分布左尾和右尾的不同影响。

3. 波动率的记忆性（Long Memory）

长记忆性是指波动率序列具有长期自相关性，波动率的自相关系数缓慢衰减，因此可以用过去的波动率来预测未来的波动率，Granger 和 Joyeux（1980）最早提出了描述时间序列长记忆性的 ARFIMA 模型。Baillie（1996）提出了描述时间序列长记忆特征的 FIGARCH 模型。Teyssiere（1999）进一步将时变条件异方差的 ARFIMA 模型作为长记忆 FIGARCH 模型的条件均值方程。Corsi（2009）构建了一个实现波动率的异质性自回归（HAR-RV）模型，用于描述波动率的长记忆性，该模型的结构相对 ARFIMA 模型来说，设定更为简单，实证表明其对未来波动率也有很好的预测效果。

4. 波动率的均值回复性（Mean-Reversion）

均值回复理论是指波动率会围绕某一个均值上下波动，当远离该值时，波动率的变化会倾向于回归该值，偏离水平不可能长期远离均值。尽管学者对波动率是否存在均值回复性有一定争议，但是很多随机波动率（Stochastic Volatility，SV）模型的设定中，都把波动率视为有均值回归特征的随机过程。

(二) 隐含波动率

隐含波动率不是从市场数据直接观察到的波动率,而是观察对应标的资产期权的市场成交价格,当期权定价模型得到的期权价格与市场价格相等时,使用的波动率即为隐含波动率。不同执行价期权的隐含波动率连接,即可形成隐含波动率曲线;将不同期限的隐含波动率曲线连接,即可得到隐含波动率曲面。隐含波动率曲线具有波动率微笑(Volatility Smile)、偏斜(Skewness)的特点。波动率微笑指波动率曲线的两端高、中间低、呈现微笑的曲线形状(Blattberg & Gonedes, 1977)。偏斜是指波动率曲线具有不对称的形态。欧式看涨期权的偏斜效应表明,深度在值的期权的隐含波动率增大程度比深度虚值的期权的隐含波动率明显,波动率微笑曲线呈现"左高右低"的特点。偏斜的计算可以从隐含波动率出发,得到风险中性概率分布下的偏斜指标(Bakshi et al., 2003),也可以从历史收益率出发,得到真实概率分布下的偏斜指标。Gathereal(2004, 2014)提出了一个用于模拟波动率曲线的函数(Stochastic Volatility Inspired, SVI)。Carr 和 Wu(2007)提出了一个随机偏斜模型来描述偏斜随时间变化的规律。隐含波动率曲面还有期限结构特征最早由 Rubinstein(1985)提出,指的是波动率"微笑效应"和期权的到期期限有关,长期期权中"微笑"不明显,因此波动率曲面在期限长的部分会变平坦。

(三) 波动率预测

1. 基于实现波动率(Realized Volatility)的预测

现有的关于波动预测的实证结果表明,不同的模型适合于不同的市场,尚未有一种模型的预测效果绝对优于其他模型。Akgiray(1989)发现,GARCH 模型对美国股票市场的预测效果最好。Andersen、Bollerslev 和 Lange(1999)以高频数据对 GARCH 模型的预测能力进行了实证检验,表明高频数据显著提高了对长期波动率的预测能力。Tse(1991)、Tse 和 Tung(1992)分别对日本与新加坡股票市场波动性进行了预测分析,对相对复杂的 GARCH 模型的预测能力提出质疑,认为采用 GARCH 模型的预测并没有比采用简单的指数加权移动平均模型的预测更准确。Brailsford 和 Rober(1996)利用澳大利亚股市的月收益数据对多种模型进行了比较,发现 GARCH 模型略优于其他模型。Lynch 和 Zumbach(2003)从波动率长记忆性的角度出发,对 GARCH 模型进行了多项修正来预测未来波动率，除了最基础的 GARCH（1，1）模型外，还加入了 IGARCH 模型、FIGARCH 模型以及对实现波动率进行指数移动平均处理的长记忆 ARCH 模型（LM-ARCH），结果表明，即使参数更少，线性 LM-ARCH 模型的预测效果也显著好于 GARCH（1，1）。Hansen 和 Lunde（2005）使用 SPA 检验，没有发现更加复杂的模型能够超越 GARCH（1，1）的预测能力。

2. 基于隐含波动率（Implied Volatility）的预测

隐含波动率是市场交易行为形成的，其本身就包含了对未来的预测能力。学者对隐含波动率的预测研究多集中于股票市场，主要研究内容包括两个方面。

其一，直接以隐含波动率预测未来实现波动率，但学者对隐含波动率对未来实现波动率的预测能力有分歧。Day 和 Lewis（1992）认为，隐含波动率的能力和 ARCH 模型相当，但是二者的结合能够更好地预测波动率。Canina 和 Figlewski（1994）研究了 S&P100 指数期权，通过回归发现隐含波动率和实现波动率之间的相关性很低。Christensen 和 Prabhala（1998）使用更长的时间区间进行了实证检验，结果显示虽然隐含波动率的预测有偏，但仍然比历史波动率的预测效果好。Jorion（1995）、Xu 和 Taylor（1995）在外汇市场上得到了类似的结论。Corrado 和 Miller（1995）研究了 CBOE 期权隐含波动率对纳斯达克 100 和标普 500 指数波动率的预测，发现 1995 年以来，隐含波动率的预测能力有了显著上升。Blair、Poon 和 Taylor（2010）使用高频数据，对多种波动率预测方法进行了对比研究，提出波动率指数（Volatility Index，VIX）本身是预测 S&P100 指数波动率的很好的指标。

其二，研究隐含波动率对未来收益率的影响。Jecques HD 和 JA Morales（1976）最早提出，从数学意义上说，一系列的期权价格中包含对未来资产价格的概率信息。Bates（1991，1996）提出，不同执行价的指数看涨、看跌期权的价格可以被视为一个描述市场参与者对未来股价主观判断的指标。Ofek、Richardson 和 Whitelaw（2004）利用个股期权检验了对期权看涨-看跌平价公式的偏离对未来股票收益有显著的预测能力。Pan 和 Poteshman（2006）验证了新发行期权的看跌期权与看涨期权隐含波动率之比对股票收益有预测能力，表明存在信息驱动的交易行为。Xing、Zhang 和 Zhao（2010）使用虚值看跌期权和平值看涨期权构建了偏斜指标，从偏斜的角度研究对收益率的预测，结果表明，该指标对未来单个股票的截面收益率有显著的预测能力，且预测能力可以持续 6 个月之久。

国内学者对我国沪深股市股价指数的波动率模型也进行了一些探索。比如，黄后川和陈浪南（2003）使用高频数据估计中国股市的已实现波动率，考虑到不对称性和长记忆性后得到了较为精准的上证 A、B 指数的波动率序列。于亦文（2006）比较了实现波动率模型和 GARCH 模型拟合上证指数的波动率，发现实现波动率模型的拟合效果比 GARCH 更好。郑振龙和黄薏舟（2010）使用恒生指数期权对比了 GARCH 模型和隐含波动率的预测能力，发现预测期限短于一周时，GARCH（1，1）模型更优，而预测期限长于一个月时，隐含波动率预测能力较强。吴鑫育等（2012）为了捕捉非对称效应，将门限效应和与状态相关的杠杆效应同时引入基本的随机波动率模型，提出了一个双杠杆门限 SV 模型，实证表明中国股市具有很强的波动率持续性，并且存在显著的非对称效应。朱钧钧和谢识予（2011）使用 MCMC 方法估计了上海证券综合指数的马尔科夫转换——TGARCH 模型，发现中国股市存在双重不对称性，即高波动状态下"好消息"的反应显著大于"坏消息"，而低波动状态下则相反。

外汇市场上，也有部分学者使用隐含波动率模型预测汇率。Malz（1997）使用多项式函数，在期权 delta 的基础上拟合了隐含波动率曲线，他认为可以使用风险逆转期权组合、跨式期权组合、异价跨式期权组合中的信息来估计汇率的隐含风险中性密度函数。Pilbeam 等（2015）通过对日元、瑞郎、英镑、欧元四种货币对美元的汇率在 2002—2007 年的低波动性时期和 2008—2012 年的高波动性时期的分析，发现隐含波动率预测在低波动率和高波动率期间明显优于 GARCH 模型。

国内学者对我国汇率波动率模型也进行了一些探索，如王佳妮和李文浩（2005）使用 ARCH 模型和 GARCH 模型分别对欧元、日元、英镑、澳大利亚元四种货币对美元的汇率进行拟合和预测，发现 ARCH（1）模型的拟合和预测效果更好。隋建利、刘金全和闫超（2013）使用 ARFIMA-FIGARCH 模型分别对人民币汇率收益率和波动率的长记忆性进行了研究，发现人民币汇率中间价的对数收益率不存在明显的长记忆性，但是其条件方差的长记忆效应显著。

第三章　人民币汇率波动率的特征变化

本章从波动率的定义出发，描述了人民币汇率波动率的统计性规律。结合定性分析和定量分析方法，研究了人民币汇率均值回复性、弹性增强、双向波动、市场因素发挥作用、市场主体适应性等特征及变化情况，并针对中美贸易摩擦期间人民币外汇市场的一些顺周期行为，通过CCK模型研究了人民币汇率市场的"羊群效应"及逆周期因子在缓解"羊群效应"中的作用。

一、研究背景

2015年8月11日，央行宣布完善人民币汇率中间价形成机制。对人民币汇率的形成，要"以市场供求为基础，参考一篮子货币，保持人民币在合理均衡水平上的基本稳定"。此次汇改被称为人民币汇率市场化改革的重要一步。

此后的数年时间里，央行持续推进汇率市场化改革，完善以市场供求为基础、参考一篮子货币进行调节、有管理的浮动汇率制度，保持人民币汇率弹性，发挥汇率调节宏观经济和国际收支自动稳定器的作用。同时，注重预期引导，保持人民币汇率在合理均衡水平上的基本稳定。在此期间，人民币外汇市场发生了相应的积极变化，表现为人民币汇率更富有弹性、双向波动明显，市场化程度更加完善，市场主体对汇率波动的适应性也不断增强。从对人民币汇率波动率的量化分析中，可以明显验证这些积极变化。

二、波动率的定义和描述性统计

波动率是衡量标的资产价格变化剧烈程度的指标。波动率越高，表明未来资产价格的不确定性越大，因此，波动率可以被视为金融风险度量的重要指标。对波动率的建模和预测也自然成为资产定价和风险管理中的一个重要问题。波动率的计算上，可分为基于低频数据的波动率和基于高频数据的波动率。低频数据一般指计量单位为"日"的交易数据，如一日的开盘价、最高价、最低价、收盘价等；高频数据一般基于日内数据计算，常用的为 5 分钟数据和 1 分钟数据。一般来说，高频数据较低频数据包含更多信息。

本章的人民币汇率波动率主要基于人民币在岸汇率，即 USDCNY[①] 的每日收盘价涨跌幅计算。

（一）基于低频数据的波动率

收盘价法为最常用的低频数据波动率计算方法，此方法的波动率为对数收益率的标准差。以 C_i 表示第 i 日的收盘价，按该方法计算出波动率后，需要进行期限调整。

$$\sigma_{cc} = \frac{1}{n-1} \sum_{i=1}^{n} \left(\left(\ln\left(\frac{C_i}{C_{i-1}}\right) \right)^2 - \frac{\left(\ln\left(\frac{C_n}{C_0}\right)\right)^2}{n(n-1)} \right) \tag{3.1}$$

若每日漂移率很小，也可简写为：

$$\sigma_{cc} = \frac{1}{n} \sum_{i=1}^{n} \left(\ln\left(\frac{C_i}{C_{i-1}}\right) \right)^2 \tag{3.2}$$

此外，常见的低频数据波动率算法还有 Parkinson（1980）提出的基于交易日内的极值计算波动率的方法，H_i 和 L_i 分别是交易日内达到的最高价和最低价。当日波动率为：

[①] USD 表示美元，全称为 United States Dollar；CNY 表示在岸人民币，全称为 Chinese Yuan；USDCNY 表示美元对人民币汇率。

$$\sigma_p = \frac{1}{4n\ln(2)} \sum_{i=1}^{n} \left(\ln\left(\frac{H_i}{L_i}\right)\right)^2 \tag{3.3}$$

表3-1和表3-2基于人民币在岸汇率的每日收盘价数据，计算了收益率、收益率平方、方差和年化波动率，并进行了描述性统计。此处低频数据波动率均采用式（3.2）的收盘价法计算。通过对描述性统计的观察可以发现：一是2015—2022年数据显示，人民币平均月度年化波动率集中在3%～4%，最高达到9%；二是收益率平方、方差、波动率等都表现出"有偏""尖峰厚尾"的特征。

表3-1 2015年8月至2022年12月低频数据波动率的描述性统计

序列	收益率R	收益率平方R^2	方差σ^2	波动率σ（年化）
平均值	1.100E-03	6.65E-04	1.746E-03	0.0370
中位数	3.44E-04	5.92E-05	1.010E-03	0.0318
最大值	0.1116	0.0124	9.278E-03	0.0963
最小值	-0.0935	5.04E-08	8.05E-06	2.837E-03
标准差	0.0259	1.738E-03	1.919E-03	0.0196
偏度	0.1233	4.5815	2.1487	1.0546
峰度	7.7524	27.4931	7.8453	3.8865
样本数量	89	89	89	89

（二）基于高频数据的波动率

高频数据波动率的计算方法如下：记第t日的第i段收益为$r_{t,i} = \ln(P_{t,i}/P_{t,i-1})$，第t日的波动率计算方法为$RV_t = \sum_{i=1}^{f} r_{t,i}^2$，称为实现波动率（Realized Volatility），f为每日报价的个数。但在这种波动率测度下，仅包含开盘交易时段的市场波动信息，隔夜以及经过周末的（Close-to-Open）收益率数据有较为明显的噪声，因此需要使用某种规模参数（Scale Estimator）对波动率进行调整，详见Fleming等（2003）的研究。调整方法如下：

$$\sigma_t^2 = \hat{c} \cdot RV_t，其中 \hat{c} = \frac{n^{-1}\sum_{t=1}^{n}(r_t - \hat{\mu}_t)^2}{n^{-1}\sum_{t=1}^{n}RV_t} \tag{3.4}$$

基于人民币在岸汇率每五分钟收盘价格数据计算出日收益率平方序列和经过调整的基于高频数据波动率序列,描述性统计如表3-2所示。可以看出,同低频序列一样,此处收益率平方、方差、波动率序列也表现出"有偏""尖峰厚尾"以及"自相关性"的特征。

表3-2 2022年6月至2023年3月高频数据波动率的描述性统计

序列	收益率R	收益率平方R^2	方差σ^2	波动率σ（年化）
平均值	1.32E-04	1.28E-05	4.126E-03	0.0559
中位数	2.76E-04	2.97E-06	2.236E-03	0.0473
最大值	8.84E-03	2.63E-04	0.0625	0.2500
最小值	-0.0162	5.27E-11	2.37E-04	0.0153
标准差	3.587E-03	2.72E-05	6.377E-03	0.0316
偏度	-0.8308	5.1922	5.2198	2.4722
峰度	5.6194	40.2334	39.8753	11.7278
样本数量	216	216	216	216

注:受数据可得性限制,仅统计了2022年6月以来的数据。

三、人民币汇率波动率特征变化

(一) 汇率弹性增强

"8·11"汇改后,人民币对美元汇率波动率明显上升,弹性增强。从年化波动率对比来看,2014年及以前,在岸人民币对美元汇率波动率保持在2%以内,2015年为2.81%,2020年上升至4.54%。

除直观比较以外,可采用Bai和Perron(1998,2003)的多重均值断点检验法(Pure Multiplemean Break Method)来检验人民币对美元汇率波动率序列是否发生结构性上升,其原理是资产价格的波动率往往有均值回复特征,表现为其时间序列倾向于围绕一个值上下波动。当远离该值时波动率变化会倾向于回复该值,偏离水平不可能长期远离均值。但如果波动率明显扩大,其围绕的"均值"

也会发生显著改变。均值回复性的检验方法有回归检验、方差比检验、自相关检验、单位根检验等。

本章采用回归检验法基于对多期滞后的对数收益率的回归来验证人民币对美元汇率波动率的均值回复性。Jegadeesh（1991）构建以下回归模型：

$$R_t = \alpha + \beta(1, q) \sum_{i=1}^{q} R_{t-i} + \mu_t \qquad (3.5)$$

其中，$R_t = \ln\left(\dfrac{x_t}{x_{t-1}}\right)$。

当序列 $\{x_t\}$ 存在均值回复特征时，回归系数 β 应显著为负。由于人民币对美元汇率均值回复的周期未知，针对1个月、2个月和3个月的不同周期分别进行检验，结果可以看出，在各个周期，回归系数为负值，且均在1%的水平下显著，表明人民币对美元汇率波动率存在显著的均值回复特征（见表3-3）。

表3-3 人民币对美元汇率波动率均值回复检验

期限	q	β	p值
1个月	1	-0.4622***	0.000
2个月	2	-0.3156***	0.000
3个月	3	-0.3746***	0.000

注：*、**、***分别表示在10%、5%、1%的水平下显著。

确认人民币对美元汇率波动率的均值回复特征后，采用多重均值断点检验模型判断人民币对美元汇率波动率是否发生结构性上升，即其"均值"是否发生显著变化。拥有 M+1 种机制（即个断点）的多重均值断点检验模型如下：

$$z_t = m_j + \varepsilon_t \quad t = T_{j-1}+1, T_{j-1}+2, \cdots, T_j; j = 1, 2, \cdots, M+1 \qquad (3.6)$$

其中，z_t 为待检验的时间序列，m_j 为每种机制下时间序列的均值。间断时间点（$T_1, T_2, \cdots, T_M$）为待估参数。残差序列 ε_t 允许存在异方差现象。

对间断点的检验可分为两个部分：第一部分用于判断是否存在间断点，原假设为时间序列存在 l 个间断点，备择假设为时间序列不存在间断点的检验，以 $SupF_r(1)$ 表示该检验的 F 值；第二部分用于判断间断点的个数，原假设为时间序列存在 l+1 个间断点，备择假设为时间序列存在 l 个间断点的检验，以 $SupF_r(l+1/l)$ 表示该检验的 F 值。重复第二部分的检验，直至检验结果不显著，最终间断点个数的确定将依据贝叶斯准则（Bayesian Information Criterion，BIC）。

如表3-4所示，以在岸人民币对美元汇率月度年化波动率作为被检验时间序列，检验结果表明，自2005年"7·21"汇改至2021年底，人民币对美元汇率波动率至少发生了两次结构性上升，其中一次恰好发生于"8·11"汇改节点。共表现出三种波动机制：一是2005年7月至2015年8月，人民币对美元汇率波动率较长时间维持于较低水平，尤其是2008年下半年至2009年，为了应对国际金融危机，人民币主动收窄波动区间，波动率降至1%以下，该机制下的波动率均值仅为1.39%；二是2015年8月至2017年12月，人民币汇率形成新的报价机制，市场化程度提高，波动率显著上升，均值为2.96%；三是2017年12月至2021年12月，人民币汇率逐渐适应调整，市场化程度加深，波动率均值进一步提高至3.88%（见图3-1）。

表3-4 人民币对美元汇率波动率的多重均值断点检验结果

Panel A 断点个数检验	
$SupF_T(1)$	68.6978***
$SupF_T(2)$	42.3349***
$SupF_T(3)$	29.7029***
$SupF_T(4)$	22.3296***
$SupF_T(5)$	18.3341***
$SupF_T(2\|1)$	5.2878*
$SupF_T(3\|2)$	3.9271
$SupF_T(4\|3)$	1.6817
$SupF_T(5\|4)$	0.0399
由贝叶斯准则确定的间断点个数	2
Panel B 断点日期预测（括号内为95%置信区间）	
$\hat{T}_1$	2015年8月 [2014年12月至2016年1月]
$\hat{T}_2$	2017年12月 [2015年1月至2019年8月]
Panel C 各机制均值预测	
m_1	1.3922*** （9.94E-02）
m_2	2.9555*** （0.2021）
m_3	3.8827*** （0.1588）

注：*、**、***分别表示在10%、5%、1%的水平下显著。

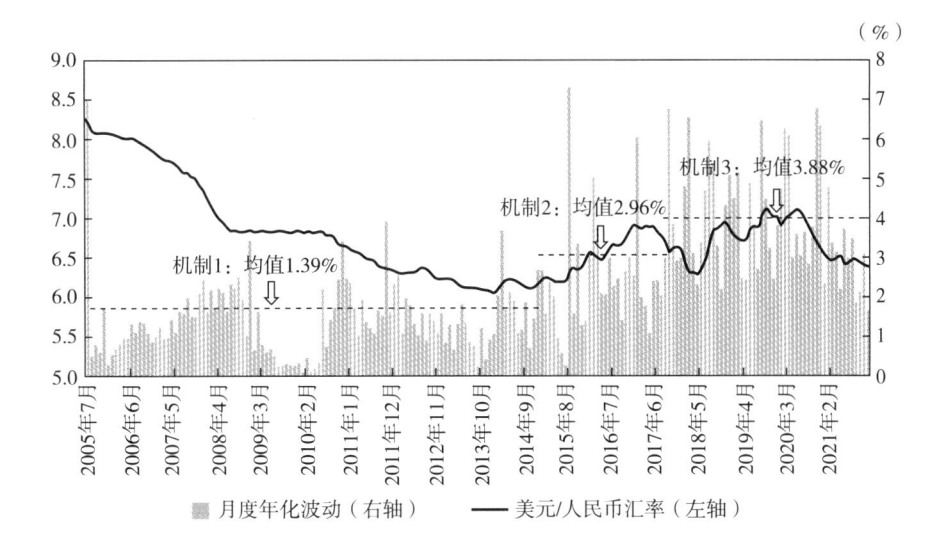

图 3-1 人民币对美元汇率波动率结构性变化的多重均值断点检验

此外，人民币汇率与发达经济体货币汇率波动率差距逐渐缩小。欧元、英镑等其他主要国际货币波动率大体相当，在5%~10%的水平浮动。相比之下，2015年以前，人民币汇率波动率明显较低；2015年起，人民币与其他主要国际货币汇率波动率差距逐渐缩窄，2019年前后，已基本达到相近水平（见图3-2）。

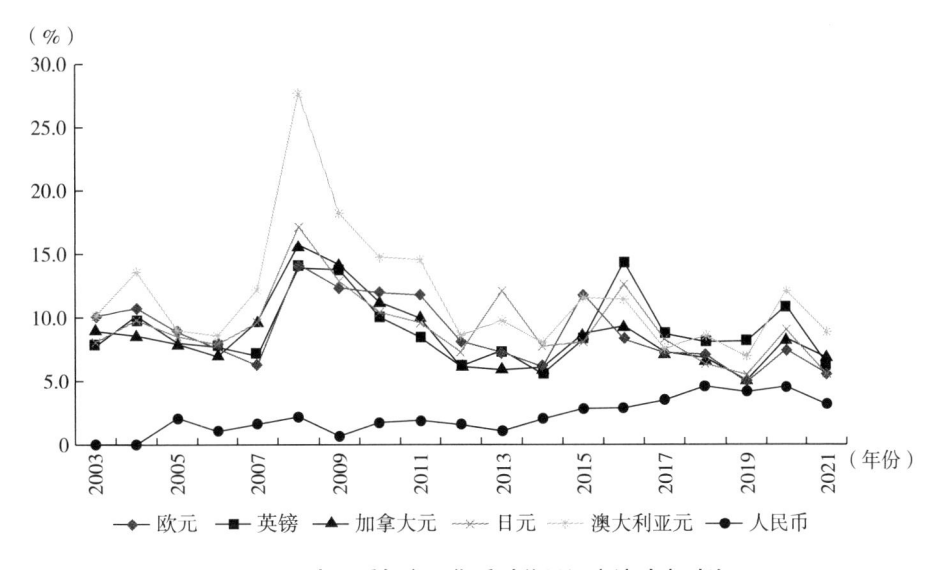

图 3-2 人民币与主要货币对美元汇率波动率对比

(二) 双向波动格局确立

人民币对美元双向波动已成为新的常态,具体表现在两个方面:一是较少表现为长期的单边升值或贬值;二是即使在升值或贬值区间内,人民币汇率也表现为较为对称的双向波动。

"8·11"汇改前,人民币已经历了五年的单边升值;但"8·11"汇改至今,人民币汇率未再出现过持续的单边走势。例如,2018年第一季度在人民币升值过程中,许多企业累积了大量汇兑成本较高的美元存款,市场有观点认为人民币对美元汇率将继续升值。但中美贸易摩擦迅速扭转了市场供求,人民币转而进入阶段性贬值通道。2019年8月,人民币汇率十年来首次跌破7关口。市场有观点认为,跌破这一心理关口可能引发大规模资本外流和购汇潮,人民币将继续贬值。但人民币对美元汇率并未突破7.2,而是双向波动,很快又升破7。这些实例足以说明,在动态变化的市场供求机制下,汇率围绕市场均衡价格双向波动的局面已经形成,不存在单边笃定升值或贬值走势。

此外,人民币汇率在阶段性升值或贬值区间内表现为较为对称的双向波动。可采用半波动率(Semi-volatility)度量人民币汇率的双向波动。半波动率为升值半波动率(Upside Semi-volatility)和贬值半波动率(Downside Semi-volatility)两种,能够度量汇率向不同方向变动时波动率的大小,前者为汇率升值时汇率变化率的标准差,后者反之。

假定资产价格变化率为X,预期收益为μ,低于预期收益的半方差为:

$$\text{Semi-variance} = \frac{\sum_{X_i < \mu}(X_i - \mu)^2}{N(X_i < \mu)} \tag{3.7}$$

半波动率为半方差的平方根。

具体到汇率波动率中,仅考虑升贬值,因此$\mu=0$。间接标价法下,升值半波动率和贬值半波动率分别为:

$$\text{Upside Semi-volatility} = \sqrt{\frac{\sum_{X_i > 0} X_i^2}{N(X_i > 0)}} \tag{3.8}$$

$$\text{Downside Semi-volatility} = \sqrt{\frac{\sum_{X_i < 0} X_i^2}{N(X_i < 0)}} \tag{3.9}$$

计算结果表明,人民币汇率在2015年下半年的一轮贬值中,贬值半波动率显著放大，达到 2.88%，约为升值半波动率 1.33% 的两倍。但在随后 2017—2018 年的升值区间段、2018—2019 年的贬值区间段、2020—2021 年的升值区间段、2022 年的贬值区间段，虽然波动率有所上升，但升值半波动率和贬值半波动率的差距明显减小，未再出现升贬值波动率失衡的现象。均衡的双向波动特征显著（见图 3-3）。

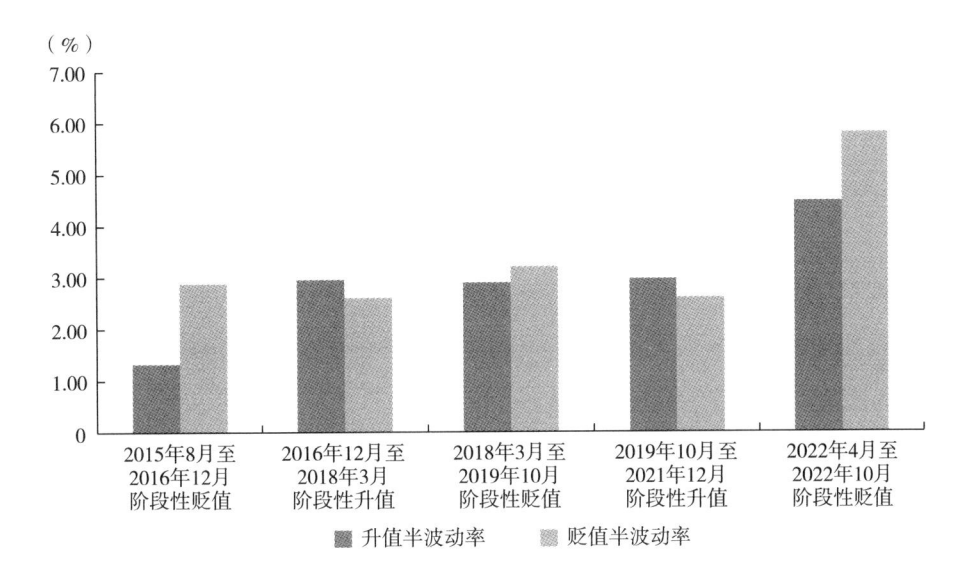

图 3-3　人民币汇率在升贬值区间内的升值半波动率与贬值半波动率对比

（三）市场因素在汇率波动中发挥更大作用

市场供求在人民币汇率形成机制中发挥更加基础和决定性的作用，主要体现在以下三个方面。

一是境内外人民币汇率逐渐趋于统一。"8·11"汇改前，离岸人民币汇率与在岸人民币汇率价差偏离幅度较大，持续时间较长，且离岸汇率的波动幅度明显高于在岸汇率。"8·11"汇改后，离岸汇率与在岸汇率价差明显减小。2015 年，人民币离岸/在岸汇率价差平均为 219 基点（Basis Point，BP），2021 年降至 92BP，显著缩窄。目前，离岸/在岸人民币汇率走势基本同步，境内外市场之间的相互关联更加显著。

二是人民币汇率中间价相对于在岸人民币收盘价价差减小。中间价报价机制完善以后，报价不仅考虑上一交易日的收盘价，同时也参考供求关系，使得中间价的形成更加市场化。与"8·11"汇改前相比，人民币汇率中间价与收盘价的价差明显减小，中间价与市场供求的偏离得到校正，中间价的基准作用明显增强。2015 年，人民币中间价与在岸收盘价价差平均为 577BP，2021 年降至 88BP。

通过跟踪误差（Tracking Error，TE）时间序列变化进一步计算人民币离岸汇率与在岸汇率、人民币中间价与在岸收盘价之间的差异。

资产 i 的跟踪误差 TE_i 为：

$$TE_i = \sqrt{\frac{1}{N-1}\sum_{t=1}^{N}(R_t^i - R_t^*)^2} \tag{3.10}$$

其中，R_t^* 为被跟踪时间序列，即基准时间序列的变化率，R_t^i 为资产 i 价格变化率的时间序列。

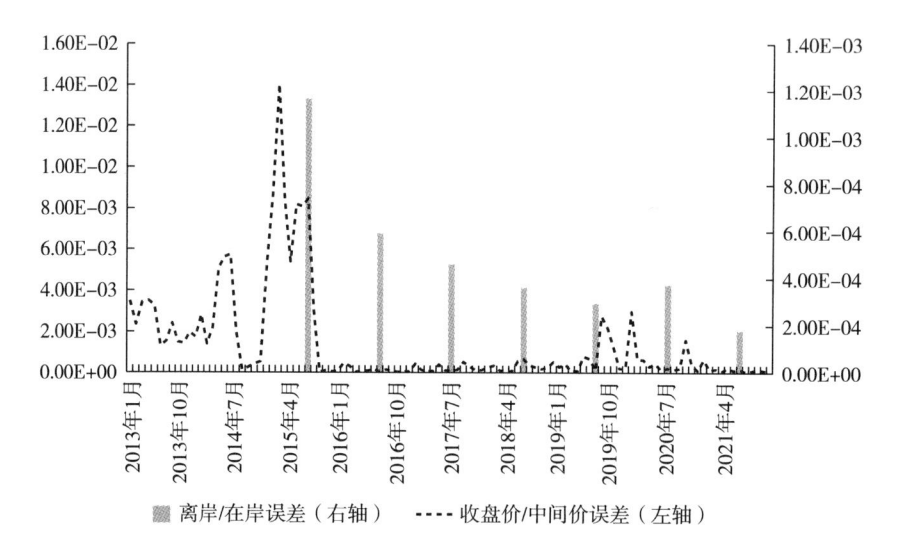

图 3-4 人民币汇率离岸/在岸误差与收盘价/中间价误差

注：为方便图示，离岸汇率与在岸汇率跟踪误差为月均值，在岸收盘价与中间价跟踪误差为年均值。

从图 3-4 可以看出：离岸汇率与在岸汇率跟踪误差从 2015 年起大幅下降，2020 年有小幅回升，2021 年降至新的低点；中间价与在岸收盘价误差在 2015 年 7 月以前保持高位，2015 年 8 月后迅速下降，与"8·11"汇改时间相吻合。2019 年下半年，人民币小幅贬值，市场出现一些非理性预期，中间价与在岸收盘价误差有小幅上涨，但较快回归正常化。2021 年以后，中间价与在岸收盘价误差基本为 0。多重均值断点模型检验也支持 2015 年 8 月为中间价与在岸收盘价跟踪误差的分界点。分界前后跟踪误差均值分别约为 0.110 和 0.008，有显著差异（见表 3-5）。进一步验证了"8·11"汇改对人民币价格形成机制市场化的促进作用。

表 3-5 人民币中间价与收盘价跟踪误差的多重均值断点检验结果

Panel A 断点个数检验	
$SupF_T$（1）	6.3685
$SupF_T$（2）	18.5641***
$SupF_T$（3）	16.3237***
$SupF_T$（4）	12.7057***
$SupF_T$（5）	11.6093**
$SupF_T$（2|1）	3.6860
$SupF_T$（3|2）	3.6860
$SupF_T$（4|3）	3.5095
$SupF_T$（5|4）	3.6092
由贝叶斯准则确定的间断点个数	2
Panel B 断点日期预测（括号内为 95% 置信区间）	
$\hat{T}_1$	2014 年 3 月 [2015 年 7 月至 2020 年 6 月]
$\hat{T}_2$	2015 年 8 月 [2015 年 8 月至 2019 年 4 月]
Panel C 各机制均值预测	
m_1	0.046993*** (6.73E-02)
m_2	0.110383*** (7.83E-02)
m_3	0.007725** (3.71E-02)

注：*、**、***分别表示在 10%、5%、1% 的水平下显著。

三是央行干预明显减弱。对于非浮动汇率制度来说，中央银行在外汇市场上的干预会对汇率产生持续的影响。央行在外汇市场的干预不仅会影响到金融市场上不同资产的供给结构，进而通过影响资产的供求关系作用到汇率，还会因为货币供应的变化影响利率，从而作用于其他影响汇率变化的中长期经济变量。央行干预影响汇率变化的另一条重要渠道则表现为干预行为释放出的信号效应。浮动汇率制度下，央行干预影响很小，并不被看作是影响均衡汇率的基本经济变量，但是在固定或中间汇率制度下，央行的干预是维持和稳定汇率必不可少的手段，会对汇率的中长期走向带来重要影响。

为了维护本币币值的稳定，央行会通过买卖美元进行干预，导致外汇储备变化。2015—2016年，我国外汇储备变化较为明显。但2017年以来，外汇储备的变化逐渐减小，且变化主要来自估值效应和投资收益变化，央行已基本上退出了外汇市场干预，不再大规模动用外汇储备在外汇市场上进行干预。

我们可以通过量化指标进一步度量央行对人民币外汇市场的干预程度。根据Fiess和Shankar（2009）的研究，得出央行干预指数的测算公式为：

$$\mathrm{INT}_t = \frac{\left(\dfrac{\sigma_{\Delta r_t}}{\sigma_{\Delta e_t}}\right)(\Delta r_t)}{\left(\dfrac{\sigma_{\Delta r_t}}{\sigma_{\Delta e_t}}\right)(\Delta r_t) + \Delta e_t} \quad (3.11)$$

其中，r_t 为外汇储备余额，e_t 为直接标价法下的即期汇率，$\sigma_{\Delta r_t}$ 和 $\sigma_{\Delta e_t}$ 分别为外汇储备变动率与即期汇率变动率的标准差。

在固定汇率制度下，央行需要动用外汇储备保持即期汇率不变，即 $\Delta e_t = 0$，此时 $\mathrm{INT}_t = 1$，央行干预最强。INT_t 大于1或者小于1时，央行干预较弱，当外汇储备变动 $\Delta r_t = 0$ 时，$\mathrm{INT}_t = 0$，即为完全浮动汇率制度，此时央行干预最弱。

以人民币对美元汇率为基础，根据式（3.7），计算出2000年以来央行对外汇的干预指数（见图3-5）。可以看到，在2005年"7·21"汇改以前，以及

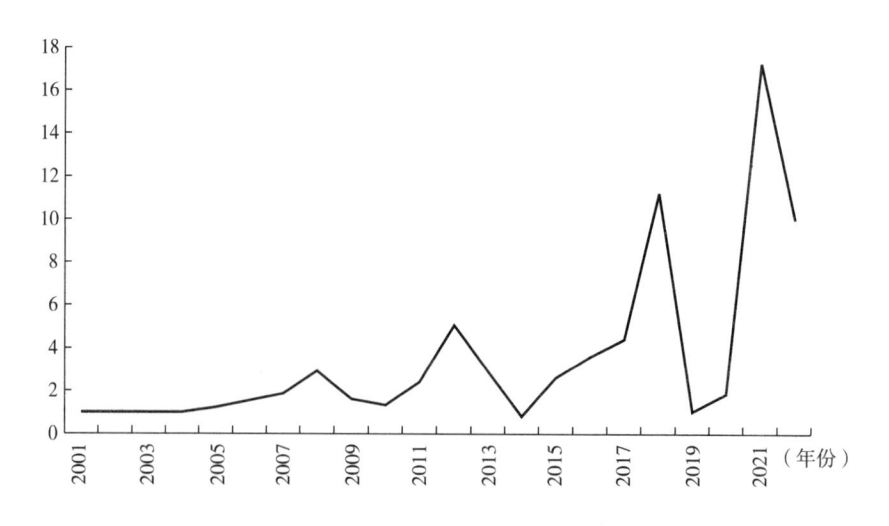

图3-5 人民币外汇市场央行干预指数时间序列

2008年金融危机后的短暂期间内，干预指数接近1，央行对外汇市场的干预较强。2011年以后，央行的干预程度逐渐减弱，人民币外汇逐渐向市场化方向发展，2017年以后尤为显著。

（四）市场主体对人民币汇率波动的适应性增强

"8·11"汇改前，人民币长期单边升值，随后两年内又单边贬值，导致部分市场主体形成了"人民币汇率单边走势会持续"的观念，顺周期行为较为明显。例如，在人民币升值阶段，市场总是预期人民币还会继续升值，不愿持汇、积极结汇，增加了人民币升值压力；在单边贬值阶段，市场又预期人民币会继续贬值，不愿结汇、加快购汇，增加了人民币贬值压力。表现为单边升值阶段伴随大规模的结售汇顺差，单边贬值阶段伴随大规模结售汇逆差。但随着人民币双向波动特征逐渐明显，市场对汇率波动的适应性增强，2018年起，银行代客结售汇轧差更加平稳，结售汇行为与汇率升值/贬值相关性明显下降（见图3-6），表明市场主体行为顺周期特征弱化，外汇市场供求更趋均衡。

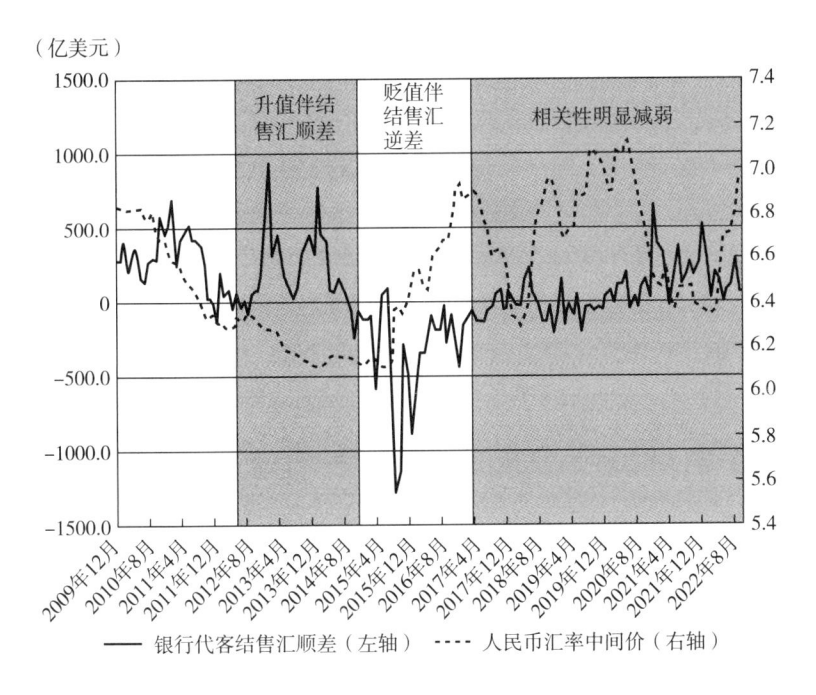

图3-6 人民币汇率中间价与银行代客结售汇顺差

此外，风险逆转指标①的变化显示：市场对人民币汇率预期趋于中性。风险逆转指标是国际外汇市场常用的反映汇率预期的指标，当人民币对美元风险逆转指标显著为正时，预示人民币相对美元贬值预期较强；当人民币对美元风险逆转指标显著为负时，预示人民币相对美元升值预期较强；当人民币对美元风险逆转指标接近 0 时，预示市场对人民币汇率趋于中性。从该指标的变化情况来看，人民币在 2015—2016 年的贬值区间内，风险逆转指标大幅上升，最高达到 3% 左右，显示出市场对人民币具有很强烈的贬值预期。但 2017 年下半年起，风险逆转指标趋于稳定，表现为小幅的双向波动。2021 年全年，该指标均值为 0.12%，明显降低，且接近于 0，显示出市场对人民币汇率预期更加趋于中性（见图 3-7）。

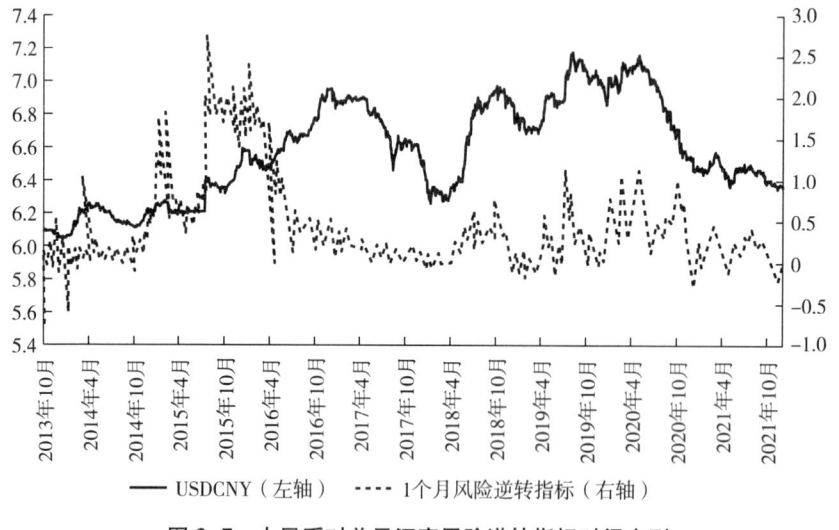

图 3-7 人民币对美元汇率风险逆转指标时间序列

四、逆周期因子与人民币汇率市场的"羊群效应"

"羊群效应"是金融市场中普遍存在的现象。投资者在信息环境不确定的情

---

① 风险逆转指标是由外汇风险逆转期权组合衍生的指标。当人民币对美元风险逆转指标为正时，代表市场更倾向于人民币的卖权和美元的买权，即预期人民币未来贬值的可能性大。指标值越大，该预期越强烈。

况下，其行为会受到其他投资者的影响，表现出非理性决策。当"羊群效应"形成一定规模时，将诱发导致市场出现过度反应。受"8·11"汇改和中美贸易摩擦影响，人民币曾出现较大幅度贬值，且市场情绪的顺周期波动放大了贬值幅度，为了使中间价更好地反映宏观经济基本面，对冲外汇市场的顺周期波动，2017年5月，央行开始在中间价报价模型中引入"逆周期因子"，并在之后的几年内两次使用和淡出。

对于逆周期因子的使用，学术界存在一些争议。有观点认为，逆周期因子的使用本质是央行对外汇市场的干预，不利于人民币汇率形成机制的市场化改革。如余永定和肖立晟（2017）、丁剑平和黄嬿（2018）均指出，逆周期因子的引入可能会使得央行货币政策的独立性丧失。也有学者肯定了逆周期因子的作用。如陈卫东和谢峰（2018）指出，逆周期因子调节能够对冲市场情绪引发的"羊群效应"，有利于稳定人民币汇率预期。缪延亮和谭语嫣（2019）则认为，通过对包括逆周期因子在内的人民币汇率形成机制的调整，加强了汇率形成机制的透明度，进一步推动了人民币向清洁浮动的汇率制度改革。

为研判人民币汇率市场"羊群效应"及逆周期因子引入和淡出的作用，可采用CCK模型对于人民币汇率进行研究。CCK模型一般用于检验股票市场是否存在"羊群效应"，其原理是运用收益率的横截面绝对偏离度（Cross-Sectional Absolute Deviation，CSAD）指标衡量个股收益率与市场平均收益率的离散程度：

$$CSAD_t = \frac{1}{n} \sum_{i=1}^{n} |R_{i,t} - R_{m,t}| \tag{3.12}$$

其中，$R_{i,t}$为t时刻股票i的收益率，$R_{m,t}$为t时刻市场组合m的平均收益率，n为市场上股票的总数。

如果市场行为是正常的，参与者是完全理性的，$CSAD_t$与$|R_{m,t}|$呈线性关系；如果市场存在"羊群效应"，$CSAD_t$与$|R_{m,t}|$将呈现出非线性关系。羊群效应检验模型为：

$$CSAD_t = \alpha + \beta_1 |R_{m,t}| + \beta_2 |R_{m,t}|^2 + \mu t \tag{3.13}$$

如果β_2显著不为零，则表明存在"羊群效应"。其中，当β_2显著为负时，表明存在严重的"羊群效应"；当β_2显著为正时，表明存在轻微的"羊群效应"。

CCK模型应用于人民币外汇市场的检验时，选择$R_{i,t}$为离岸市场人民币汇率收益率。这是考虑到离岸人民币汇率对外部冲击更加敏感，易受到非理性预期影响，存在"羊群效应"的可能性更高。将$R_{m,t}$定义为中国外汇交易中心人民币汇率指数收益率。

CFETS人民币汇率指数最早发布的参照数在2015年11月30日，发布频率为每周一次。根据数据可得性，样本选择的时间范围为2015年11月30日至2021年12月31日，时间t间隔为每周，即$R_{i,t}$与$R_{m,t}$均为周收益率。收益率计算方式为对数收益率，共有样本点344个。

为避免虚假回归问题，对$CSAD_t$、$|R_{m,t}|$、$|R_{m,t}|^2$三个序列进行平稳性检验，结果支持三个时间序列均为平稳的I(0)过程，可直接构建回归模型。

(一) 总体检验结果

如表3-6所示，收益率$R_{m,t}$二次项回归系数为正，在10%的水平下显著，表明总体来看，人民币对美元汇率变动存在轻微的"羊群效应"。

表3-6 人民币对美元汇率的全样本"羊群效应"检验

变量	回归系数
$|R_{m,t}|$	0.225
$|R_{m,t}|^2$	18.770*
F检验量	25.84***
R^2	0.1323
Obs	344

注：*、**、***分别表示在10%、5%、1%的水平下显著。

为判断逆周期因子的使用和淡出对人民币汇率市场"羊群效应"的影响，使用邹氏断点检验对逆周期因子的使用和淡出时间点进行检验。

两次逆周期因子引入，断点检验均显著；两次逆周期因子淡出，断点检验均不显著。这表明逆周期因子的引入可能对人民币汇率市场"羊群效应"的减弱产生显著影响。市场预期趋于理性后，逆周期因子的淡出并未使人民币汇率市场"羊群效应"加强（见表3-7）。

表3-7 逆周期因子引入、淡出的邹氏断点检验

待检验样本区间	间断点	检验结果
2015年8月至2018年1月（样本起点至第一次淡出）	2017年5月（第一次引入）	2.143*
2017年5月至2018年8月（第一次引入至第二次引入）	2018年1月（第一次淡出）	0.529
2018年1月至2020年10月（第一次淡出至第二次淡出）	2018年8月（第二次引入）	6.517***
2018年8月至2021年12月（第二次引入至样本终点）	2020年10月（第二次淡出）	1.696

注：*、**、***分别表示在10%、5%、1%的水平下显著。

（二）分样本检验结果

为了进一步明确逆周期因子对人民币外汇市场"羊群效应"的影响，按照逆周期因子的引入时点对样本划分时间段，观察度量"羊群效应"的 $|R_{m,t}|^2$ 回归系数 β_2 是否有显著变化（见表3-8）。

表3-8 分时间段的人民币汇率市场"羊群效应"检验

	2015年8月至2017年5月（第一次引入前）	2017年5月至2018年8月（第一次引入至第二次引入）	2018年8月至2021年12月（第二次引入后）
$\|R_{m,t}\|$	1.325***	0.518**	1.210***
$\|R_{m,t}\|^2$	−73.670**	−39.491**	−13.346
F检验量	9.428***	2.368***	22.044***
R^2	19.1%	6.33%	3.10%
Obs	83	74	187

注：*、**、***分别表示在10%、5%、1%的水平下显著。

结果显示，在第一次引入逆周期因子之前，β_2 为负且在5%的显著性水平下显著，表明存在较严重的"羊群效应"；逆周期因子第一次引入至第二次引入期间，β_2 的绝对值显著减小，表明"羊群效应"有一定程度的缓解；第二次引入逆周期因子后，回归结果的 β_2 已经不显著，表明已经不存在明显的"羊群效应"。检验结果进一步说明，"8·11"汇改后，随着逆周期因子的使用和淡出，

人民币对美元汇率逐渐向更加市场化、更加理性的方向发展，非理性行为因素的影响逐渐减弱。

五、本章小结

"8·11"汇改是中国金融市场历史上的一次重要变革，标志着中国货币政策的逐渐开放和市场化进程的加速。本章首先研究了人民币汇率波动率的特征，发现人民币汇率波动率基本符合对数正态分布，且具有均值回复性和长记忆性。接下来，通过定性及数量化方法分析"8·11"汇改后人民币对美元汇率波动率的变化趋势，发现人民币汇率弹性增强，双向波动率格局确立，顺周期的"羊群效应"明显减弱。汇率市场化程度不断提高，市场因素在汇率决定中的作用越来越重要。这使得市场对于汇率变动的预期更加准确和敏感，从而能够更好地适应国内外经济环境的变化。

此外，目前市场对人民币贬值现象的研究视角，主要集中于人民币对美元的双边汇率，但汇率浮动旨在调节多个贸易伙伴的贸易和投资，仅观察人民币对美元的双边汇率并不能全面反映贸易品的国际比价。因此，未来观察人民币汇率可不局限于以美元为参考，而是更多参考一篮子货币。

未来，建议继续发挥市场在汇率决定中的基础性作用，进一步提升改革开放水平，增强人民币汇率双向浮动弹性。加强宏观审慎政策管理和对经济主体的汇率预期管理，提高经济主体对外汇市场稳定性的信心，让市场的短期预期更多地回归基本面。在市场预期偏离均衡汇率时，短期可以借助逆周期因子调节，作为稳定汇率波动的政策工具，长期稳定人民币汇率和资本流动的最根本性支持是经济基本面，应注重逆周期政策和人民币宽幅波动区间建设，以兼顾人民币汇率形成机制的灵活性与稳定性。

第四章　影响人民币汇率的基本面因素分析

本章考虑了中美利差、市场预期、贸易差额以及经济增长前景等因素对人民币汇率的影响，结合上述指标的总体影响和近期特点，分析了影响人民币汇率变化的多空因素。纳入宏观经济指标、金融市场指标、发达经济体货币政策冲击，构建出描述汇率变动和汇率波动率变动的随机过程，并基于 RU-MIDAS 模型进行回归研究了各项指标对汇率的影响。最后，基于对人民币汇率影响机制的实证研究，结合宏观经济指标及市场信息，展望了未来人民币汇率波动情景。

一、研究背景

2018 年以来，受中美贸易摩擦、国内经济下行等因素综合影响，人民币对美元汇率波动加大。2019 年起，在供求关系变化和市场预期看淡的背景下，人民币汇率出现了一定幅度的贬值，离岸人民币最低跌至 7.19 附近。2021 年，中国经济在疫情对全球经济造成影响的背景下率先复苏，增长情况在全球中表现出优势，提振了市场主体对人民币的信心，贸易顺差、直接投资增长等进一步推高人民币汇率估值。人民币在波动中小幅回升，2021 年末，人民币对美元汇率中间价为 6.3757，较 2020 年末升值 2.3%。在岸人民币（CNY）和离岸人民币（CNH）即期价格分别累计升值 2.6% 和 2.2%。人民币对一篮子货币同样表现稳健，根据中国外汇交易中心数据，2021 年末 CFETS 人民币汇率指数为 102.47，较上年末升值8.05%;参考BIS货币篮子的人民币汇率指数(106.66),较上年末升值8.1%。

虽然长期来看,人民币汇率走势取决于基本面,人民币汇率完全有能力围绕均衡水平双向波动,但短期内市场供求和美元走势也会对其产生较大影响,需警惕形成市场一致性预期,导致短期的过度反应。当前,国内经济运行稳中有变,变中有忧,外部环境复杂严峻,在经济下行压力、贸易摩擦、外部货币政策不确定等因素交织的背景下,对汇率均衡水平的进一步研究、对汇率影响因素和外生冲击的量化分析、对汇率走势及合理波动率的判断在服务决策中都有着重要的作用。

二、不同周期视角下对汇率影响的基本面因素分析

(一)短期视角:利差、政策支持和市场预期

一是中美利差缩窄。疫情发生以来,美联储宣布实施无限量化宽松政策,同业拆借利率大幅走低,使得中美利差保持在较高水平。但2021年下半年以来,美联储货币政策逐渐转向,美联储逐步加息,中美利差缩小,引发跨境资金外流,可能使人民币汇率受到冲击。

图4-1分别以7日Shibor和10年期国债到期收益率展示了中美短期与长期利差的变化情况。可以看出,中美短期利差的变化尚不显著,但长期利差已有较为明显的缩窄趋势。中美长期利差从最宽处——2020年10月的249BP缩窄到2022年初的112BP,降幅超过50%。2022年起,美联储加快加息步伐,人民币货币政策大概率维持稳健略偏宽松,中美利差进一步缩窄。

二是预期政策支持力度将减弱。党的二十大召开之后,中央政府紧密部署,促使经济尽快恢复和强劲反弹,体现在密集出台多项有力政策支持措施,涉及房地产行业、高新技术行业、加大对实体经济信贷支持、拉动消费等多个方面。考虑到政策支持已靠前发力,预计短期内政策支持力度或将减弱。

第四章　影响人民币汇率的基本面因素分析

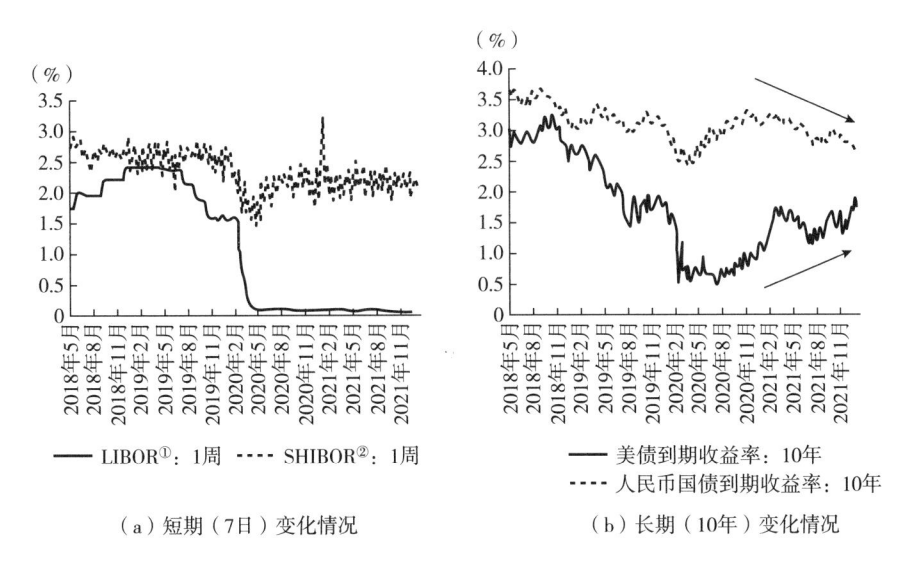

(a) 短期（7日）变化情况

(b) 长期（10年）变化情况

图 4-1　中美利差变化情况①②

此外，地方政府对经济增长的目标偏保守。全国有 31 个省份已公布 2023 年度地方 GDP 增长目标。多数省份（22 个）设定的 2023 年增长目标较去年下调 0.5%~1%。全国 GDP 排名前四的省份（广东、江苏、山东、浙江）2023 年 GDP 增长目标较去年下调 0.5%，第五名（河南）较去年下调 1%。较为保守的地方增长目标或反映出地方经济发展信心仍显疲弱，以及地方财政状况较为吃紧。如果缺乏进一步支持，目前的地方财政状况或将限制地方政府持续推行高度扩张财政政策的能力。

三是市场对人民币短期贬值的预期明显减弱。选择不同期限的人民币无本金交割远期外汇交易（Nou-Delivery Forward，NDF）基差判断市场对不同期限人民币汇率的预期。1 月期 NDF 基差较为平稳，但 2021 年下半年起，1 年期 NDF 基差已显著缩小，表明市场对人民币短期走势的观点较为平稳，但长期贬值预期不断减弱（见图 4-2）。

---

① LIBOR 为伦敦同业拆借利率，全称为 London Interbank Offered Rate。
② SHIBOR 为上海银行间同业拆放利率，全称为 Shanghai Interbank Offered Rate。

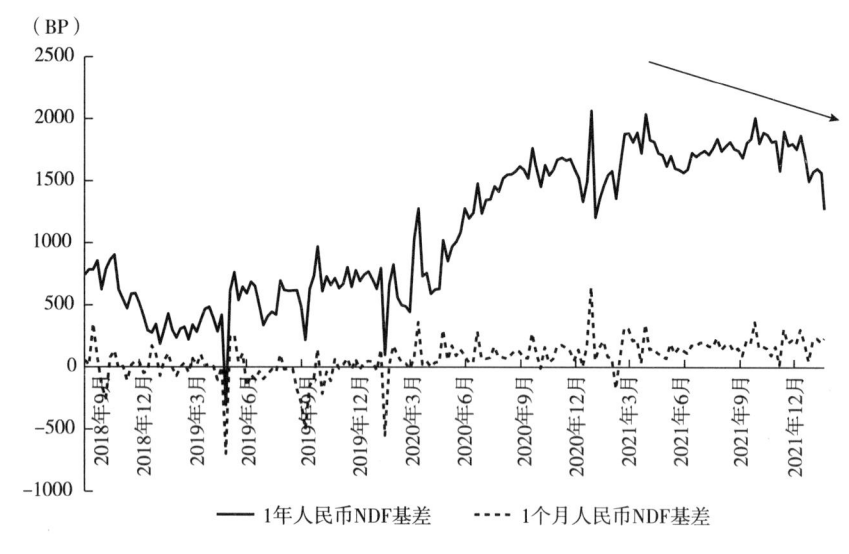

图 4-2 人民币 NDF 基差变化情况

(二) 中长期视角：国际收支与经济增长

一是贸易顺差继续利好人民币。2021 年 1—11 月，我国出口累计同比增长 21.8%，保持较高增速（11 月贸易差额较上月最高点有小幅回落，但仍处于高位）。由图 4-3 可知，2021 年 3 月以来，我国货物贸易顺差不断增长，同时服务

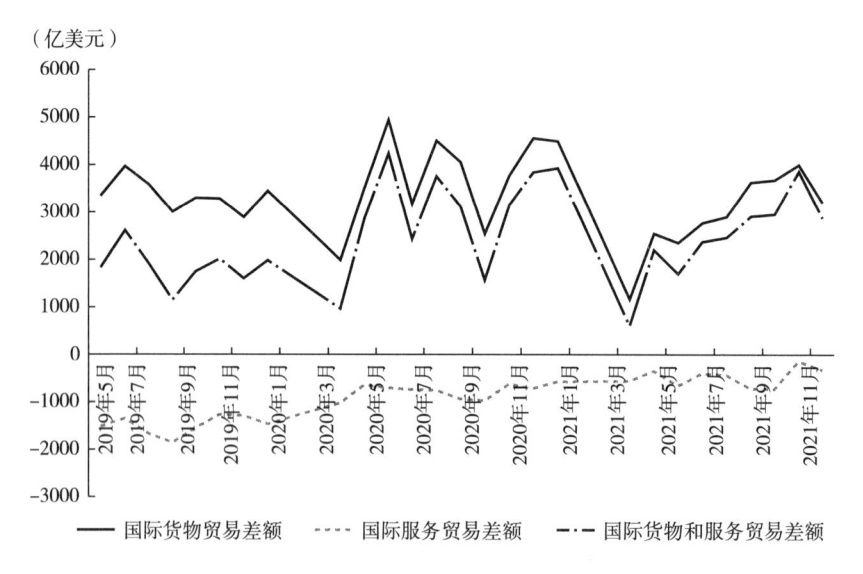

图 4-3 国际收支货物贸易与服务贸易差额

贸易逆差不断缩窄，二者共同作用下，贸易保持较高顺差。但随着新冠疫情的变化，贸易顺差可能从高位回落并回归常态，出口对汇率的支撑作用减弱。

二是境内资本市场仍有较强的吸引力。在全球股票和债券指数中权重提升、较高的经济增速、稳定的人民币币值等均吸引国际投资者参与境内资本市场。截至2021年12月末，境外机构持有银行间市场债券4万亿元，较上年度末增加约7500亿元。

三是我国经济有一定韧性。地缘政治风险加剧不确定性，全球经济复苏放缓，实体经济面临供应链中断、潜在通胀升高、债务率上升等风险因素。但我国有着经济韧性强的优势，长期向好的基本面不会改变。我国产业供给体系全，配套较为完善，产业链、供应链完整，能够很快适应市场需求变化。货币政策有空间，宏观调控政策工具多。总体来看，人民币汇率有保持在合理均衡水平上基本稳定的基础，随着人民币汇率市场化程度的提高，市场供求因素在汇率决定过程中将发挥越来越重要的作用。预期人民币汇率将维持双向波动走势。

三、影响人民币汇率宏观指标的回归模型构建

综合分析各项可能影响人民币汇率变动的宏观因素和金融市场因素后，本章试图构建一个随机过程来描绘人民币汇率变动的时间序列。同时，在该随机过程的参数中纳入各宏观指标和金融市场指标并观察它们的影响。一方面，研判各项指标对汇率影响的方向及程度；另一方面，通过对各项指标未来变化情况的判断来对人民币汇率未来走势进行预测。

（一）构建人民币汇率变动的随机过程

随机波动率（Stochastic Volatility，SV）模型是用一个不可知的随机过程来模拟金融资产的波动性，由于其良好的统计性质和描述的直观性，被广泛运用于股票、汇率等资产价格的时间序列建模。参考经典的资产价格随机波动率模型，假定汇率变动由可被解释的趋势部分与不可解释的波动部分共同组成，即满足如下形式的随机过程：

$$dS = \mu S dt + \sigma S dX \tag{4.1}$$

其中，μ表示汇率变化趋势，由汇率基本面因素决定；σ表示汇率波动率，通常受一些外部冲击因素影响。一些股价或汇率随机过程模型会把波动率σ视为常数，但是现实中，波动率一般呈现聚类特点，即在一段时间内表现为较低的持续波动率，一段时间内表现为较高的持续波动率，将其简单定义为常数与市场实际情况不符，需要定义波动率变动的随机过程。

对汇率变动随机过程等式两端同时除以S，可以得到：

$$dS/S = \mu dt + \sigma dX \tag{4.2}$$

即：

$$rcny = \mu dt + \sigma dX \tag{4.3}$$

其中，rcny为汇率变化率；μdt为漂移项，表示受各种因素影响导致的汇率变动；σdX为波动项，表示汇率变动不能解释的随机波动部分，该部分也被称为个体风险（Idiosyncrasy Risk）。dX是均值为0、标准差为1的白噪声。

在股票市场模型中，μ的估算方式较多，一般包括通过长期股票收益率计算平均漂移率、CAPM模型、FF三因子模型、五因子模型等。本书沿用多因子模型的思路，试图寻找能够解释长期汇率变动的因素，并通过回归得到这些因素对μ的影响，最后通过汇率变动量减去漂移项得到σdX项，以度量汇率波动的个体风险。

（二）数据来源和变量选择

本章选取混频数据来研究各种宏微观因素对人民币汇率的影响。由于统计方法和金融市场的不同，诸多的宏微观因素数据频率不同。例如，国际收支、CPI等宏观经济指标通常按照月频来发布，而金融市场数据（包括汇率、利率等）则是实时更新的。将这些变量同频处理会损失大量高频数据特征，导致数据信息丢失，且低频的宏观数据有较严重的滞后性。混频数据模型能够将低频数据的准确性与高频数据的及时性相结合，在最大程度上将原始数据含有的信息加以展示和利用，兼顾准确性与及时性，增加模型预测结果的精确度和可信度。

在具体的变量选择上，参考已有文献，结合数据的有效性和可得性，本章选择了3个高频日度指标和7个低频月度指标作为人民币汇率变动的影响因素。

被解释变量为人民币汇率的对数变化率，是高频的日度变化数据。数据来源于外汇交易中心，这里采用直接标价法计算变动率，在变动为正时表示升值，变动为负时表示贬值。

解释变量中，高频指标分别为：

（1）滞后阶的人民币汇率变动。金融资产的价格一般具有明显的序列正向自相关特征，即上一期资产价格上升时，本期也有继续上升的倾向，反之亦然，表现出较明显的趋势性特征。预期回归符号为正。

（2）中美价差，即中美利率差异。计算方法为隔夜Shibor利率减隔夜Libor美元利率。其中，Shibor利率来源于外汇交易中心，Libor利率来源于Wind金融数据库。利差短期内将导致跨境资本流动变化，从而对短期汇率产生影响。当Shibor利率更高时，有利于资本回流，推动人民币汇率短期升值。预期回归符号为正。

（3）人民币对美元远期溢价。人民币对美元远期溢价度量了市场对未来人民币汇率变动方向的预期，数据来源于外汇交易中心。市场预期将影响市场供求和交易行为，从而形成一定的短期汇率趋势。远期溢价以即期价格为基准，直接报价远期价格相对增减的BP值。根据人民币对美元汇率报价，溢价为正时表示远期相对于即期贬值，溢价为负时表示远期相对于即期升值，因此远期溢价符号与汇率变动方向相反。预期回归符号为负。

解释变量中，低频指标分别为：

（1）通货膨胀率。以月度消费者物价指数（Consumer Price Index，CPI）作为通货膨胀的度量，数据来源于国家统计局。一国价格水平的变化同其货币对外价值的变化有很强的相关性。依据购买力平价理论，在纸币流通制度下，两国货币之间的兑换比率从根本上说是由各自所代表价值量的对比关系决定的。因此，通货膨胀率越高，汇率越具有贬值倾向。预期回归符号为负。

（2）国际收支。具体包括两个解释变量：实际进口增速和实际出口增速，计算方法分别为人民币进口金额季调同比增速减通胀率和人民币出口金额季调同比增速减通胀率，数据来源均为海关总署。根据国际收支学说的相关理论，外汇供求状况主要取决于一国国际收支状况。当一国国际收支逆差时，该国的外汇需求大于供给，外汇汇率将上升，本币汇率将下跌；反之，该国本币汇率将上升，外汇汇率将下降。据此，预期实际进口增速的回归符号为负，实际出口增速的回归符号为正。

（3）广义货币增速。以M2增速表示，数据来源于中国人民银行。当国内扩大M2供给时，本币相对于流通在市场上的外币数量增多，本币存在贬值压力。预期回归符号为负。

（4）消费。以实际社会消费品零售总额度量，数据来源于国家统计局。国内消费减少时，对进口的需求也会减少，从而抑制进口。外汇需求减少，使得本币汇率升值。预期回归符号为负。

（5）实际投资增速。计算方法为固定资产投资完成额累计同比增速减去通胀率，数据来源于国家统计局。投资增加可通过多路径促进本币升值，一方面，本国投资上升可在一定程度上抑制消费；另一方面，国外投资上升带动国际资本流入，从而促进本币升值。投资对经济增长的拉动作用是捍卫本币价值的最根本因素。预期回归符号为正。

（6）制造业增加值。数据来源于国家统计局。根据巴萨效应，贸易品部门劳动生产率提高将导致该部门工资增长率上升，从而带动劳动生产率并未明显提高的非贸易品部门工资上涨，进而带动非贸易品产品价格的上涨。假设贸易品价格不变，那么非贸易品相对贸易品价格的上涨将带来该国一般物价水平的上涨，从而提高实际有效汇率。对于巴萨效应是否在中国适用，学术界存在着一些争议，但我国经济发展的趋势本质上符合该效应结论。以制造业为代表的可贸易品部门劳动生产率的提高是我国经济保持增长的重要原因，在我国逐步成为世界制造业中心的过程中，可贸易品部门的劳动生产率相对国内非贸易品部门和国外可贸易品部门将快速增长，人口结构及劳动力供求关系变动将使工资增速进一步提升，人民币实际汇率必然存在升值压力，这在本质上符合巴萨效应原理。预期制造业增加值的回归符号为正。

表 4-1 总结了各个变量的详细情况。由于 2020 年数据受疫情影响，与趋势值有较大偏离，回归使用的数据样本区间为 2014—2019 年。

表 4-1 影响人民币汇率的基本面因素变量说明

指标	变量名	数据来源	说明
日度数据			
人民币变动率	rcny	外汇交易中心	采用直接标价法计算变动率
中美价差	spread	外汇交易中心，Wind 金融数据库	隔夜 Shibor 利率减隔夜 Libor 美元利率
人民币对美元远期溢价	premium	外汇交易中心	一年期、中间价

续表

指标	变量名	数据来源	说明
月度数据			
通货膨胀率	CPI	国家统计局	
实际进口增速	import	海关总署	人民币进口金额季调同比增速减进口价格通胀率
实际出口增速	export	海关总署	人民币出口金额季调同比增速减出口价格通胀率
广义货币增速	M2	中国人民银行	
实际投资增速	invest	国家统计局	固定资产投资完成额累计同比增速减通胀率
实际社会消费品零售总额	retail	国家统计局	同比增速
制造业增加值	vaman	国家统计局	当月同比

注：所有变量均经过 ADF 单位根检验并根据检验情况进行平稳性变换。

（三）构建汇率变动影响因素回归模型

处理混频数据有以下几种主流模型：一是混频数据取样（MIDAS）方法，该方法由 Ghysels 等（2004）提出，最初被用于预测金融数据。MIDAS 回归包含不同频率的时间序列，对高频解释变量的反应由一个高度紧凑、简洁的分布滞后多项式来表达。二是混频向量自回归（MF-VAR）模型，由 Mariano 和 Murasawa（2003，2010）提出。模型中对低频和高频序列的动态分析是同时进行的，使用状态空间表达式，把低频变量看成是具有"缺失值"的高频变量，之后利用卡尔曼滤波器及卡尔曼滤波对"缺失值"进行估计并生成预测值。三是将因子模型和 MIDAS 模型结合起来的混频因子模型。该方法从不同频度的变量中提取一个不可观测的状态，被视为反映经济活动的"同步因子"。详见 Mariano 和 Marasawa（2003，2010）的研究等。

本章选取的变量包括日频和月频两种频度，且被解释变量，即人民币汇率的变动为更高频的日频数据，需在 MIDAS 方法的基础上进行拓展，采用反向无限制混频数据采样模型（Reverse Unrestricted MIDAS，RU-MIDAS）对汇率变动影响因素进行回归。该模型被称为"反向"是由于一般的时间序列混频模型使用高频数据预测低频数据,而该模型实现了利用低频数据预测高频数据。

定义高频数据时间序列的时间下标为 $t=0$, $\frac{1}{k}$, $\frac{2}{k}$, $\cdots$, $\frac{k-1}{k}$, 1, $\cdots$, 其中 k 为不匹配的频度间隔,低频数据时间序列的时间下标为 $t=0$, 1, 2, $\cdots$。待预测的被解释变量 y 可以在高频度上观测到(每 k 期)。一部分解释变量 X 可以在高频度上观测到,与被解释变量频度相同;另一部分只能在低频度上被观测到(每 k 期)。对于低频度变量 x,定义 x_t^* 为其内生的真实高频序列,x_t 为其能被观测到的低频序列,定义高频滞后算子 L、$L^j x_t = x_{t-j/k}$、x^* 与 x 之间转换关系为:

$$x_t = \omega(L) x_t^*$$

$$\omega(L) = \omega_0 + \omega_1 L + \cdots + \omega_{k-1} L^{k-1} \tag{4.4}$$

假定被解释变量 y 是一个受到外生解释变量 x^* 影响的 AR(p) 过程:

$$c(L) y_t = d(L) x_t^* + e_{yt} \tag{4.5}$$

其中,$d(L) = d_1 L + \cdots + d_p L^p$,$c(L) = 1 - c_1 L - \cdots - c_p L^p$,残差项为白噪声。

定义低频滞后算子 $Z = L^k$,有 $Z^j x_t = x_{t-j}$。同时定义高频滞后算子的多项式 $\gamma_0(L)$,使得 $\gamma_0(L)$ 与 $d(L)$ 的乘积仅含有滞后算子的 k 次幂,即 $\gamma_0(L) d(L) = g_0(L) = g_0(L^k) = g_0(Z)$。对式(4.5)两边同时乘以 $\gamma_0(L)$ 与 $\omega(L)$,得到:

$$\gamma_0(L) c(L) \omega(L) y_t = \gamma_0(L) d(L) \omega(L) x_t^* + \gamma_0(L) \omega(L) e_{yt} \tag{4.6}$$

$t = 0, 1, 2, \cdots$

也即:

$$\tilde{C}_0(L) y_t = g_0(Z) x_t + \tilde{\gamma}_0(L) e_{yt} \tag{4.7}$$

$t = 0, 1, 2, \cdots$

式(4.7)是标准的 RU-MIDAS 模型。其中,高频被解释变量 y_t 由其自身的高频滞后项和可观测低频滞后解释变量 x_t 共同决定。残差项为移动平均(Moring Average,MA)过程。

式(4.7)可以根据当前所处的不同高频时间区间节点进行改写。例如,对 $i = 0, \cdots, k-1$,可以定义多项式滞后算子 $\gamma_i(L)$,使得乘积 $g_i(L) = \gamma_i(L) d(L)$ 仅含有滞后算子的 k-i 次幂 L^{k-i},此时,对式(4.5)两边同时乘以 $\gamma_i(L)$ 与 $\omega(L)$,得到 RU-MIDAS 模型的周期性结构:

$$\tilde{c}_i(L)y_t = g_i(L^{k-i})x_t + \tilde{\gamma}_i(L)e_{yt} \tag{4.8}$$

$$t = 0 + \frac{i}{k}, \ 1 + \frac{i}{k}, \ 2 + \frac{i}{k}, \ \cdots$$

$$i = 0, \ \cdots, \ k-1$$

当式（4.5）为已知形式时，$\gamma_i(L)$存在且可以被确定。当式（4.5）的滞后阶数和参数需要估计时，可以利用线性滞后多项式构建近似 RU-MIDAS 模型：

$$\tilde{a}_i(L)y_t = b_i(L^{k-i})x_t + \xi_{it} \tag{4.9}$$

$$t = 0 + \frac{i}{k}, \ 1 + \frac{i}{k}, \ 2 + \frac{i}{k}, \ \cdots$$

$$i = 0, \ \cdots, \ k-1$$

$\tilde{a}_i(L)$与$b_i(L^{k-i})$的滞后阶数足够时，ξ_{it}为白噪声过程。式（4.9）是一个线性的回归方程，可以使用最小二乘估计，也易于增加高频或低频度的解释变量。

式（4.9）可以用一系列虚拟变量将不同时间区间 i 联合写为一个回归方程。以低频季度数据预测月度高频数据为例，频度间隔为3，即 k=3。式（4.9）可写为：

$$y_t = \alpha_1(1-D_2-D_3)x_{t-\frac{1}{3}} + \alpha_2 D_2 x_{t-\frac{2}{3}} + \alpha_3 D_3 x_{t-1} + \beta_{11}(1-D_2-D_3)y_{t-\frac{1}{3}} + \beta_{12} D_2 y_{t-\frac{1}{3}} +$$

$$\beta_{13} D_3 y_{t-\frac{1}{3}} + \beta_{21}(1-D_2-D_3)y_{t-\frac{2}{3}} + \beta_{22} D_2 y_{t-\frac{2}{3}} + \beta_{23} D_3 y_{t-\frac{2}{3}} +$$

$$\beta_{31}(1-D_2-D_3)y_{t-1} + \beta_{32} D_2 y_{t-1} + +\beta_{33} D_3 y_{t-1} + v_t \tag{4.10}$$

$$t = 0, \ \frac{1}{3}, \ \frac{2}{3}, \ 1\cdots$$

其中，D_2和D_3是虚拟变量。D_2在每个季度的最后一个月取值为1，即 $t=\frac{2}{3}, \ 1+\frac{2}{3}, \ 2+\frac{2}{3}, \ \cdots$。$D_3$在每个季度的第一个月取值为1，即 $t=0, \ 1, \ 2, \ \cdots$。式（4.10）应使用广义最小二乘估计，以消除序列相关性和异方差性的影响。

本章高频时间序列为日频，包括人民币对美元汇率的变化率、中美利差、远期溢价；低频时间序列为月频，包括通胀率、进口实际增速、出口实际增速、广义货币增速、实际投资增速、实际社会消费品零售总额、制造业增加值。由于每月包含的天数过多，且长度不等，若直接采用式（4.6）定义，过大的 k 值将导致回归参数过多，自由度快速下降，影响回归结果的准确性。将回归方程调整为如下形式：

$$rcny_t = arcny_{t-\frac{1}{k}} + \beta_1 premium_{t-\frac{1}{k}} + \beta_2 spread_{t-\frac{1}{k}} +$$
$$\beta_3(D_1 CPI_{t-\frac{1}{k}} + \cdots + D_i CPI_{t-\frac{i}{k}} + (1-D_1-\cdots-D_i) CPI_{t-1}) +$$
$$\beta_4(D_1 export_{t-\frac{1}{k}} + \cdots + D_i export_{t-\frac{i}{k}} + (1-D_1-\cdots-D_i) export_{t-1}) +$$
$$\beta_5(D_1 import_{t-\frac{1}{k}} + \cdots + D_i import_{t-\frac{i}{k}} + (1-D_1-\cdots-D_i) import_{t-1}) +$$
$$\beta_6(D_1 M2_{t-\frac{1}{k}} + \cdots + D_i M2_{t-\frac{i}{k}} + (1-D_1-\cdots-D_i) M2_{t-1}) +$$
$$\beta_7(D_1 invest_{t-\frac{1}{k}} + \cdots + D_i invest_{t-\frac{i}{k}} + (1-D_1-\cdots-D_i) invest_{t-1}) +$$
$$\beta_8(D_1 retail_{t-\frac{1}{k}} + \cdots + D_i retail_{t-\frac{i}{k}} + (1-D_1-\cdots-D_i) retail_{t-1}) +$$
$$\beta_9(D_1 vaman_{t-\frac{1}{k}} + \cdots + D_i vaman_{t-\frac{i}{k}} + (1-D_1-\cdots-D_i) vaman_{t-1}) \quad (4.11)$$

$$t = 1, 1+\frac{1}{k}, 1+\frac{2}{k}, \cdots, 1+\frac{k-1}{k}, 2, \cdots$$

$$i = 1, \cdots, k-1$$

虚拟变量 D_i 在每两个低频间隔的第 i 个高频区间取值为 1，否则为 0。该设定满足了以下两个条件：一是每一期被解释变量都受到最近一期可观测的解释变量的影响；二是当期的被解释变量受到的影响都来自滞后解释变量，以满足预测的条件。

（四）回归结果

将日频的人民币汇率的对数变化率及各解释变量数据导入 EViews 软件，并按频度差异设置虚拟变量后，进行广义最小二乘回归，得到人民币对美元汇率的回归结果，如表 4-2 所示。

表 4-2 人民币对美元汇率回归结果

变量	回归系数	变量	回归系数
rcny（-1）	6.44E-02*** (1.81E-03)	CPI	-1.01E-02*** (3.05E-04)
export	2.46E-03*** (6.68E-05)	import	-1.36E-03*** (5.15E-05)
M2	-5.10E-03*** (3.48E-04)	premium	-2.28E-04*** (7.38E-06)

续表

变量	回归系数	变量	回归系数
invest	7.52E-03*** (2.65E-04)	retail	-3.75E-03*** (5.24E-04)
spread	1.69E-02*** (7.02E-03)	vaman	1.36E-03*** (2.26E-04)
c	3.20E-02 (1.15)		
其他参数			
R^2	99.96%	Adjusted R^2	99.95%
F-statistic	2.43E+05***	样本数量	1099

注：*、**、***分别表示在10%、5%、1%的水平下显著。

回归结果显示：回归方程在整体上显著，调整后的 R^2 达到99.95%，拟合效果较好。从具体的解释变量看，所有变量都在1%的显著性水平下显著，验证了国际收支、国内宏观指标因素等均对汇率水平有一定影响。对人民币汇率的影响方向符合预期，即利率、出口、投资、制造业增加值对人民币汇率有正向影响，进口、消费对人民币汇率有负向影响。

四、人民币对美元汇率及波动率的路径模拟

（一）人民币汇率历史波动率

由本书第三章对人民币对美元汇率历史波动率的分析可知，人民币对美元汇率的波动率随时间变化较大，2005年"7·21"汇改后，人民币对美元汇率波动率逐渐上升，但在2009—2010年，为应对国际金融危机，人民币主动收窄了波动区间，该时段内，人民币对美元汇率波动率几乎为0。2010年至2015年6月，人民币汇率波动幅度较为稳定，保持在1%~3%。2015年"8·11"汇改之后，人民币市场化改革有了突破性进展，变为以市场供求为基础，参考一篮子货币计算人民币多边汇率指数的变化。人民币汇率波动率也明显增大，约保持在4%~8%。因此，不应简

单地将汇率波动率视为常数,需对波动率的变化模式给出假定。

(二)波动率模型设定和参数估计

根据 Paul 和 Asli(1997)、王琦等(2014)的实证分析,假定人民币对美元的波动率服从如下形式的随机过程:

$$d\sigma = \alpha(\sigma)dt + \beta(\sigma)dX_z \tag{4.12}$$

其中,$\alpha(\sigma)$ 是波动率的漂移项,$\beta(\sigma)$ 用来描绘波动率的方差,dt 为单位时间,dx_z 为随机项,其取值服从均值为 0、方差为 dt 的正态分布。

为了对波动率的方差进行估计,假定:

$$\beta(\sigma) = \phi\sigma^\gamma \tag{4.13}$$

ϕ、γ 为待估参数。这一设定符合波动率的现实特征,即当前波动率较高或较低时,下一期波动率的方差会相应增大或减小,表现出波动率聚类现象。

对式(4.12)两边进行平方,并忽略高阶无穷小项,可得:

$$(d\sigma)^2 = \beta(\sigma)^2 dt v^2 \tag{4.14}$$

其中,v 为符合标准正态分布的随机变量。

再将式(4.13)代入,得到:

$$(d\sigma)^2 = \phi^2\sigma^{2\gamma}dt v^2 \tag{4.15}$$

对式(4.15)两边取对数,并求期望,得到:

$$\ln(E[d\sigma]^2) = \ln(\phi^2 dt) + 2\gamma\ln(\sigma) \tag{4.16}$$

该方程可用于 ϕ、γ 的参数估计。将 $\ln(\sigma)$ 作为解释变量,$\ln[E(d\sigma)^2]$ 作为被解释变量,可得到一条斜率为 2γ,截距为 $\ln(\phi^2 dt)$ 的直线。

为了找到这些离散的点,估计过程需要将波动率离散化,具体方法是将 σ 在其最大值和最小值之间等分为若干个区间:

$$\sigma_i = \sigma_{min} + i\frac{\sigma_{max} - \sigma_{min}}{b}, \quad i = 0, 1, \cdots, b \tag{4.17}$$

对于每一个离散的区间,计算找出落入相应区间的 σ,再根据下式计算 $E[(d\sigma)^2]_i$:

$$E[(d\sigma)^2]_i = \frac{1}{n}\sum \sigma_i \leq \sigma < \sigma_{i+1}(d\sigma)^2 \tag{4.18}$$

其中,n 为每一个区间内的 σ 个数。得到对 $E[(d\sigma)^2]_i$ 和 $\ln\sigma_i$ 的回归方程后,由截距和斜率数据推出参数 ϕ 和 γ 的估计结果:

$$\begin{cases} \phi = 0.2522 \\ \gamma = 0.6010 \end{cases} \to \beta(\sigma) = 0.25\sigma^{0.60}$$

假定存在波动率的稳态分布,以估计 α(σ)。由 Fokker-Planck 方程可得出:

$$\frac{\partial P}{\partial t} = \frac{1}{2}\frac{\partial^2(\beta(\sigma)^2 P)}{\partial \sigma^2} - \frac{\partial(\alpha(\sigma)P)}{\partial \sigma} \tag{4.19}$$

其中,P(σ, t) 为 σ 的概率密度函数。

当时间 t 趋于无穷大时,P(σ, t) 应该为一个不变的分布,这也就意味着 σ 应该有一个长期的趋势,可能是上升,也可能是下降,但最终形成一个稳定的分布,即稳态分布。令 P_∞ 表示 σ 的稳态分布,由式(4.19)可得出:

$$\frac{1}{2}\frac{d^2(\beta(\sigma)^2 P_\infty)}{d\sigma^2} = \frac{d(\alpha(\sigma)P_\infty)}{d\sigma} \tag{4.20}$$

两边积分可得:

$$\alpha(\sigma) = \frac{1}{2P_\infty}\frac{d(\beta(\sigma)^2 P_\infty)}{d\sigma} = \frac{c}{P_\infty} \tag{4.21}$$

其中,c 为常数项,根据 Asli(1996)的研究,从波动率的实际分布来看,c 可近似认为等于 0。

根据本书第三章人民币对美元汇率波动率的描述性统计,波动率表现出"尖峰""厚尾",符合对数正态分布的一般特征。假定 σ 的稳态分布形式为对数正态分布,P_∞ 可写为:

$$P_\infty = \frac{1}{a\sigma\sqrt{2\pi}}e^{-\left(\ln\frac{\sigma}{\bar{\sigma}}\right)^2/2a^2} \tag{4.22}$$

其中,$\ln(\bar{\sigma})$ 为 σ 稳态分布的均值的对数,a 为稳态分布的标准差,可由历史波动率计算。

由于"8·11"汇改前后,人民币汇率波动率差异较大,伴随人民币汇率市场化的推进,汇改前的情形已不符合未来人民币的实际波动,因此选取 2015 年 8 月至 2021 年 12 月的数据计算参数 $\ln(\bar{\sigma})$ 与 a,得到 $\bar{\sigma}=0.0330$,a=1.4368。

将式(4.22)代入式(4.21),得到:

$$\alpha(\sigma) = \phi^2\sigma^{2\gamma-1}\left(\gamma - \frac{1}{2} - \frac{\ln\frac{\sigma}{\bar{\sigma}}}{2a^2}\right) \tag{4.23}$$

(三) 蒙特卡罗模拟法模拟汇率分布

根据前文分析，我们已总结出汇率变动及汇率波动率变动的随机过程：

$$dS = \mu Sdt + \sigma SdX_1 \tag{4.24}$$

$$d\sigma = \alpha(\sigma)dt + \beta(\sigma)dX_2 \tag{4.25}$$

基于上式，可使用蒙特卡罗模拟法对未来汇率路径和波动率路径进行模拟。蒙特卡罗模拟原理基于大数定律，当模拟路径足够多时，可以覆盖未来可能出现的所有情况。某种情形出现的路径次数多时，意味着该情形在未来更可能发生。

需要先预测式（4.24）中的漂移项 μ。受疫情冲击影响，2020—2021 年宏观经济指标出现较大波动，数据偏离趋势较大。本章采取以下方式对 μ 进行仿真。首先，以 2021 年相对于 2019 年的两年复合增速为基准，采用指数平滑法计算出经济变量的未来值，作为 2022 年经济标量的预测值均值；其次，以 2014—2021 年该宏观经济变量的标准差作为 2022 年经济标量预测值的标准差，并结合均值构建正态分布 N；最后，在以分布 N 作为数据来源进行仿真，每次模拟取其中一个点，并带入回归方程（4.11），计算出汇率变动中的漂移项 μSdt。

接下来计算波动项。式（4.13）和式（4.23）中所有参数估计结果均已得到，代入式（4.12）中，可以得到波动率变动路径。最后将式（4.12）代入式（4.24）中，与汇率变动的漂移项结合，可模拟计算汇率的变动路径。

如图 4-4 所示，选择的模拟起始点为 2021 年 12 月 31 日，此时人民币对美元汇率为 6.37，模拟期限为 12 个月，即截至 2022 年底。模拟间隔为 1 天，模拟次数为 100 万次。

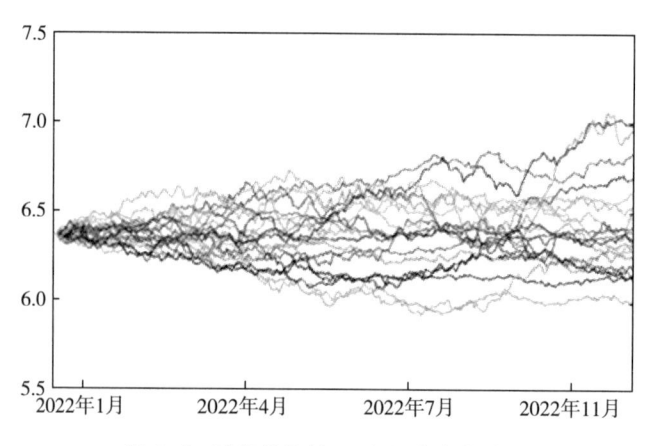

图 4-4　随机选取的 20 条汇率变化路径

如图4-4、图4-5所示随机选择20条汇率变化路径和20条波动率变化路径，画出模拟路径图，以观察汇率及波动率变动规律。在模拟结果中，路径越密集的区域说明未来汇率或波动率在该值附近的概率越大。初步观察汇率变化模拟路径图，发现不同路径的汇率走势差异较大，密集区域汇率集中在6~7。波动率路径模拟图中，波动率波动区间基本在2%~7%，最密集的区域在5%附近，最高达到9%左右，与历史波动率的情形一致。

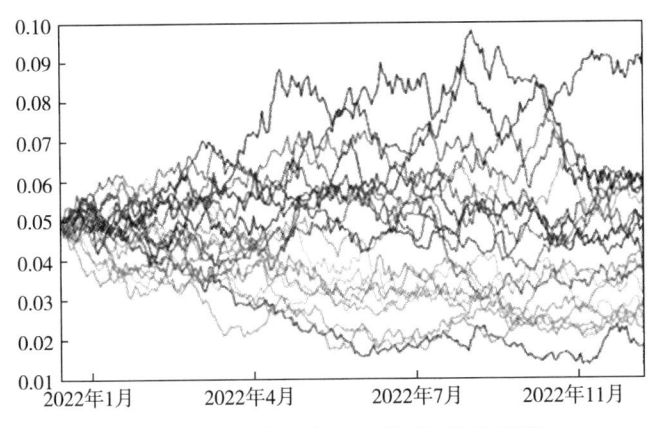

图4-5 随机选取的20条波动率变化路径

截取第63、第126、第252个交易日的模拟结果，可以统计出三个月、六个月、十二个月后的汇率分布（见图4-6）。从模拟结果来看，期限越短，人民币

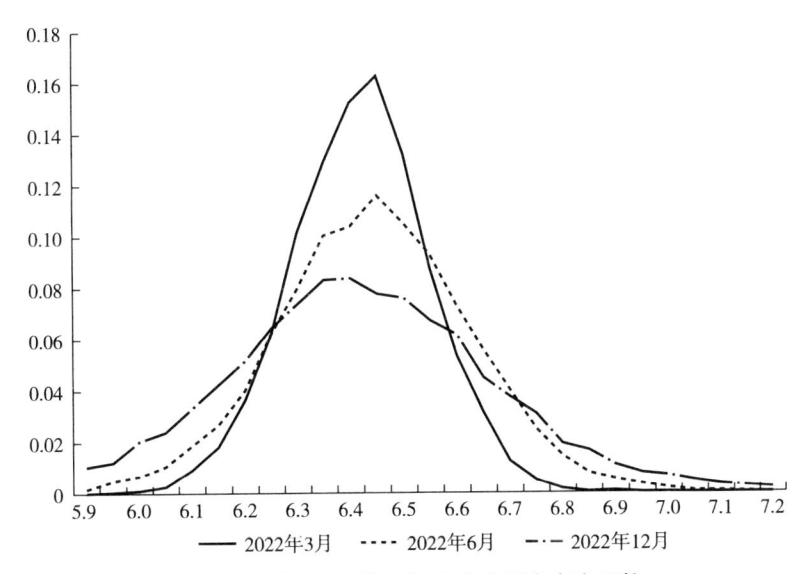

图4-6 未来不同期限汇率分布概率密度函数

对美元汇率的分布越集中。随着时间推移，人民币对美元汇率分布逐渐向更广的范围发展，标准差增大，双侧尾部加厚。这与常理相符合：期限越长，汇率取值的可能范围越大。表明期限越长，越难以将汇率的预测值锁定在一个较窄的范围内。

五、本章小结

本章旨在构建出汇率变动的随机过程，用于描述汇率变动趋势及未来波动区间。在梳理汇率决定理论、波动率聚类相关理论后，本章综合考虑了利率、通胀、国际收支等多方面因素对汇率的影响，使用 RU-MIDAS 模型进行回归，发现利率、出口、投资、制造业增加值对人民币汇率有正向影响；进口、消费对人民币汇率有负向影响。通过估计影响人民币汇率变动的基本面因素相关参数，使用蒙特卡罗模拟了汇率及波动率的可能走势，发现不同路径的汇率走势差异较大，密集区域汇率集中在 6~7。波动率路径模拟图中，波动率波动区间基本在 2%~7%，与实际情形较为一致。

在外部冲击频繁化、复杂化，人民币汇率双向波动明显增强的形势下，建议从多个维度、综合运用多种工具手段进行调节，不断完善人民币汇率形成机制，保持人民币汇率在合理均衡水平区间基本稳定，建立健全宏观审慎管理体系，防范跨市场联动引发系统性金融风险。对此，提出以下建议：

一是加强避险宣传，培育理性预期，树立市场主体"风险中性"意识。加强与市场的沟通和宣导，掌握市场主体对汇率变动和跨境资金流向的预期，并及时向市场传达有关汇率政策，防止非理性情绪传染引发"羊群效应"，培育更加理性有序的外汇市场交易预期。引导企业树立"风险中性"意识，在坚持实需的基础上，加快发展外汇期货，支持金融机构帮助市场主体熟悉并使用避险工具。指导银行业金融机构在风险可控的前提下、核查交易真实性的基础上，适度简化现有外汇衍生品交易操作流程，提升企业使用避险产品的便利程度。

二是建立健全跨境资金流动宏观审慎管理体系，发展完善逆周期管理工具箱。围绕金融业对外开放进程，特别是在投资渠道多样化、投资业务复杂化的大背景下，警惕并有效管理股市、汇市等市场相互传染和联动、放大市场波动的风险。建立和完善跨境资本流动监测、预警和响应机制，以市场化方式逆周期调节外汇市场顺周期波动。密切监测市场主体外汇交易情况，包括结售汇、跨境证券交易、金融机构和企业对外负债，远期、期权等外汇衍生品交易等重点业务，及时掌握大额和异常数据变化。防范超预期、突发性的大幅跨境资金流动冲击。从逆周期调节加杠杆行为和抑制短期投机性交易行为入手，发展完善逆周期调节因子、外汇风险准备金、托宾税等数量型、价格型管理工具。

三是持续推进人民币国际化，降低货币错配和汇率风险。本币汇率波动都会最终反映到该国企业资产负债表和损益表中，造成汇率和货币错配风险。鼓励我国企业更多使用人民币结算，有助于降低企业交易成本，减少货币错配和汇兑损益对企业经营利润的影响。同时，人民币国际化有助于提升我国企业在国际贸易和金融投资中的定价权、话语权和竞争力，增加我国应对金融风险的手段和政策空间。在跨境交易中坚持"本币优先"原则，不断发展人民币的投资储备功能，丰富人民币交易主体和产品类型，完善配套监管标准和制度框架，进一步增强汇率弹性。

四是以中国经济的良好基本面为外汇市场平稳运行奠定基础。在外部环境不确定性加大的背景下，防止市场形成对人民币汇率持续显著贬值预期的关键是确保中国经济平稳运行。重点领域应进一步推动改革，包括财税体制、金融供给侧结构性改革等。建议积极财政政策进一步发力；加大金融支持力度。在外部冲击骤然扩大时，有针对性地灵活运用各类货币政策工具、公开市场操作等结构性调控政策。

第五章　人民币汇率市场定价权问题研究

目前，人民币汇率存在几个相对独立的市场，包括：在岸人民币即期汇率市场、离岸人民币即期汇率市场、无本金交割人民币远期交易市场等。由于存在一定的市场分割，市场的参与主体、地理位置和交易体量也不尽相同，上述人民币市场汇率的报价也有差异。在众多报价中，哪个市场更加起到主导作用？各市场之间相互影响的关系如何？随着人民币国际化程度加深，这种相互作用关系是否发生变化？本章试图针对不同市场人民币的波动变化及联动效应等问题展开研究，来解决上述问题。本章首先通过定性描述和定量分析研究了在岸/离岸人民币汇率波动率的特征及变化趋势。其次通过构建 TVP-VAR 模型，探讨了人民币在岸汇率、离岸汇率及远期汇率的相互影响，并分析了离岸市场流动性在其中发挥的作用。最后探讨了人民币即期汇率与远期汇率的关系及其相互影响。

一、研究背景

回顾我国人民币市场发展进程，1994 年，我国建立了即期外汇市场和远期外汇（Deliverable Forward, DF）市场。1996 年 6 月，人民币无本金交割远期（NDF）市场诞生，标志着人民币开始走向国际。2004 年 2 月，离岸人民币（Chinese Yuan in HONG KONG, CNH）市场在中国香港成立，市场规模不断发展壮大。2015 年的"8·11"汇改对人民币汇率形成机制进行了重大改革，人民币汇率市场透明度和市场化水平不断提高,双向波动机制更加明显,境内外市场之间的关联也不断增强。

根据无套利原理,在市场没有摩擦的前提下,人民币在岸汇率(CNY)与人民币离岸汇率(CNH)应保持一致。但由于发展历程、参与主体、交易规模、监管程度等差异,在岸汇率与离岸汇率未能统一。一般认为,在岸人民币更多受政策调控影响,离岸人民币更多受国际因素特别是海外经济金融局势的影响。近年来,汇率价格形成机制改革、资本项目可兑换、自由贸易区等政策变化在客观上为增强人民币在岸市场与离岸市场联动提供了条件,但也可能改变在岸人民币汇率与离岸人民币汇率的波动特征和相互关系。在外部环境不确定性上升和美联储货币政策正常化的背景下,研究人民币在岸汇率与离岸汇率相互关系,对鉴别外部冲击影响和做好应对措施准备具有重要意义。

(一) 人民币离岸NDF市场的发展历程

1. 成立阶段(1995—1996年)

20世纪90年代中期,中国吸引国外投资不断增加,大量的国际资本输入中国,一些大型跨国公司对在中国的投资逐渐产生保值的需求,需要外汇金融工具来规避汇率波动风险。同时随着墨西哥金融危机的爆发,出于对人民币贬值的忧虑,一些机构希望从人民币的贬值中获利,人民币远期NDF应需求在中国香港和新加坡逐渐发展起来。但由于当时我国的汇率波动较小,几乎没有市场风险,NDF交易活跃度不高。

2. 亚洲金融危机导致高升水(1997—1998年)

1997年的亚洲金融危机导致东南亚大部分货币出现贬值,市场对人民币同样有较强烈的贬值预期,受此影响,人民币NDF交易开始逐渐活跃,且长期保持较高的升水状态。1998年1月,人民币无本金交割远期升水达到峰值——17509点。

3. 人民币升值导致贴水(1999—2004年)

1999年下半年以来,亚洲金融危机的影响逐渐消失,人民币贬值预期弱化,高升水逐渐回落。中国加入世界贸易组织以来,贸易顺差和外商直接投资大幅增加,此阶段国际上对人民币升值的呼声很高,市场对人民币汇率预期由贬转升,人民币NDF也出现贴水。

4. "7·21"汇改后交易更加活跃（2005—2010年）

2005年7月，我国实行汇率政策改革，开始实行以市场供求为基础、参考一篮子货币进行调节、有管理的浮动汇率制度。此次汇改在一定程度上缓解了人民币的升值压力，人民币汇率更加市场化。2006年11月，国家外汇管理局发布通知，禁止境内机构和个人从事境外人民币对外汇衍生品交易，市场上套利交易一度减少。但境外机构对人民币的投机需求有所上升，人民币NDF交易逐渐活跃，在2008—2009年的高峰时期，每日成交量高达100亿美元左右。

5. 交易量大幅萎缩（2011—2015年）

2011年起，随着离岸人民币（CNH）可交割远期市场的迅速发展和汇改政策的逐步出台，NDF的市场份额逐渐被CNH替代，交易量明显萎缩，截至2015年，香港人民币NDF每日成交量仅为8亿美元左右。

6. 与CNH协同发展（2016年至今）

随着人民币国际化进程推进，人民币NDF的成交量有小幅回升。截至2018年底，人民币NDF在中国香港和新加坡的日均成交规模约20亿美元，其中1个月期限是主导交易品种。

目前，人民币NDF市场仍有一定生命力：一是人民币跨境贸易虽然发展迅速，但仍有很多国家和地区只有少量使用人民币的金融机构，需要用传统的不交割工具；二是虽然境内外人民币价差有了明显缩窄，但在离岸人民币进入境内仍然受限的情况下，金融机构仍需要在境外追踪境内价格的不交割产品以对冲这一价差风险；三是NDF、CNH和CNY的不同组合可以形成丰富的套期保值和套利交易策略，拓展市场的交易性机会。

（二）人民币在岸与离岸的联动渠道

目前，人民币跨境流动仍受到一些限制，人民币在岸汇率与离岸汇率虽然高度协同，但仍存在一定差异。人民币在岸和离岸市场可通过跨境贸易、直接投资、金融市场等多种渠道产生联系并相互影响，导致其价差难以在长时间内保持在很高水平，在岸与离岸人民币汇率的关系愈发紧密。

1. 跨境贸易

通过跨境贸易结算，人民币可在在岸与离岸市场之间流动。进行在岸人民币交易需要有实际需求，离岸交易则无此限制。因此，具有合格背景的企业可在离岸和在岸市场交易之间选择对自己更为有利的价格。例如，当离岸人民币比在岸人民币弱势时，跨境出口企业会倾向于在离岸市场上交易，因为同样的美元收入在离岸市场可换得更多的人民币收入。出口企业在离岸市场上卖出美元、买入人民币又会使离岸人民币升值。跨境进口企业则倾向于在在岸市场上交易，因为同样数额的美元进口支出在在岸市场用较少的人民币购买即可。进口企业在在岸市场上出售人民币、买入美元的行为又会使在岸人民币贬值。这种交易行为将推动二者价差不断缩小。

2. 直接投资

直接投资可使人民币实现双向流动。对外直接投资（Overseas Direct Investment，ODI）使人民币可由在岸流向离岸；FDI使人民币可由离岸流向在岸。目前，资本项目下直接投资已经实现可兑换。合格境外有限合伙人（Qualified Foreign Limited Partner，QFLP）和合格境内有限合伙人（Qualified Domestic Limited Partner，QDLP）进一步扩宽了境外资金直接投资境内实体产业与境内企业"走出去"的渠道。资本项目不断开放促进了离岸和在岸市场融合。

3. 金融市场

金融市场渠道具体又包括：使人民币由在岸流向离岸的合格境内机构投资者（Qualified Domestic Institutional Investor，QDII）、境外机构发行熊猫债等；使人民币由离岸流向在岸的合格境外机构投资者（Qualified Foreign Institutional Investor，QFII）、人民币合格境外机构投资者（RMB Qualified Foreign Institutional Investor，RQFII）、中国人民银行发行离岸央票等。此外，"沪港通"和"债券通"分别实现了内地与香港股票、债券市场的双向开放，对促进人民币跨境流动起到了积极促进作用。

4. 信心渠道

由于离岸地点国家一般是中国的重要出口目的地，在周边国家经济前景恶化的情况下，离岸投资者对内地经济增长的信心也可能下降，这样离岸人民币汇率可能贬值，这又会影响在岸市场对人民币的信心，从而带动在岸人民币汇率同向变化。

此外，在岸与离岸人民币流动渠道还有央行互换、商业银行同业拆借、自贸区自由贸易（Free Trade，FT）账户、居民个人兑换外汇等。但其市场规模较小，影响力较弱。目前，跨境贸易、直接投资和金融市场仍是在岸、离岸人民币联动的主要渠道。

(三) 人民币各市场特征对比

1. 价格形成机制对比

在岸人民币经历了几次汇率改革后，已经形成了"以市场供求为基础、参考一篮子货币调节、有管理的浮动汇率制度"。2022年10月，中国人民银行刊文指出："人民币汇率形成由市场起决定性作用。人民银行已退出常态化干预，人民币汇率由市场供需决定，在发挥价格信号作用的同时，提高了资源配置效率。"[①] 离岸人民币和无本金交割远期市场上，人民币的价格通常由市场交易者所提供的竞买和竞卖价格所决定。此外，离岸市场的汇率波动更易受到国际市场情况的影响，如美元的走势、全球市场风险偏好变化、市场对未来人民币走势的预期等。

2. 市场参与主体对比

在岸人民币是在中国境内进行人民币交易的，参与主体以国内商业银行、财务公司、企业和个人为主。离岸人民币参与主体更加多元化，主要包括境外的金融机构、进出口企业、跨国公司、对冲基金等。人民币无本金交割远期市场的主要参与者包括需求主体和做市商。需求主体主要包括有人民币收入的跨国公司，也包括总部设在中国香港的中国内地企业，以及有投资需求的国际对冲基金等。

3. 交易产品情况对比

在岸人民币和离岸人民币的产品都包括即期、远期、掉期、期权等类型，但在岸人民币市场受到央行公开市场操作的影响相对更多，离岸人民币外汇市场中，除了基于跨境贸易产生的交易需求和平衡持有外汇头寸需求之外，投机、套利的氛围相对于在岸市场更为浓厚，更能够充分反映出境外资金的市场需求。

二、文献回顾

探讨人民币不同市场之间汇率关系的文献较多，大部分结论支持在岸与离岸市场之间存在相互关联。如 Maziad 和 Kang（2012）基于双变量 GARCH 模型的

---

① 来源于《深入推进汇率市场化改革》，2022年10月11日刊登于中国人民银行微信公众号。

实证分析，认为在岸、离岸两个市场之间存在波动性溢出效应，离岸人民币汇率能够预测在岸人民币汇率；在岸人民币汇率在一定程度上也能够对离岸人民币汇率产生引导作用。叶亚飞和石建勋（2016）使用DCC-GARCH模型实证证明，在岸人民币与离岸人民币汇率之间存在显著且持久的联动关系，联动系数具有长期记忆性和动态时变性。修晶和周颖（2013）利用DCC-MVGARCH模型研究了CNH、CNY、NDF三个市场汇率数据之间的动态相关关系，发现三个市场相关程度不断增强，信息传递加快。

也有部分学者认为，在岸、离岸市场的相互关系是变化的，尤其表现在"8·11"汇改时间点前后。如丁剑平等（2020）通过VECM-BEKK-GARCH模型研究了在岸与离岸人民币汇率间均值溢出效应和波动溢出效应，发现"8·11"汇改后二者的波动溢出能力均有所上升，两个市场的一体性大幅提高。范莉丽和杨升（2017）基于对VAR模型的分析认为，"8·11"汇改显著提升了在岸人民币市场和离岸人民币市场之间的联动性。钟永红和邓数红（2020）构建了汇率的波动溢出指数，发现"8·11"汇改后，离岸汇率市场对在岸汇率市场波动溢出的影响上升；但逆周期因子启用后，在岸市场汇率对人民币汇率定价的影响力又重新上升。还有一些学者对在岸和离岸市场联动的影响因素进行了分析。严兵等（2017）认为，两个市场流动性差异和参与者预期差异对于人民币离岸和在岸定价差异及其波动会产生显著影响。阮青松和杨君轩（2017）基于SVAR模型的分析认为，套利因素是在岸/离岸汇差形成的主因、宏观经济波动因素是次因，而市场分割因素对其影响相对较小。

三、各市场人民币汇率特征变化

（一）在岸、离岸人民币波动率均明显上升

汇率波动率是汇率收益率序列的标准差，是汇率市场化程度的直接体现指标之一。从人民币对美元汇率年波动率对比来看：2014年及以前，在岸人民币汇率波动率保持在2%以内，2015年为2.81%，2020年上升至4.54%；离岸人民币汇率波动率2013年为1.43%，2020年上升至4.75%。

从月度年化波动率来看,2015年8月明显成为在岸人民币汇率和离岸人民币汇率波动率变化的分界点。2015年7月及以前,在岸人民币汇率和离岸人民币汇率波动率在2%左右浮动。2015年8月,由于人民币一次性贬值,离岸人民币汇率波动率在当月达到了最高点11.2%。随后在岸人民币汇率和离岸人民币汇率波动率在5%上下浮动(见图5-1)。

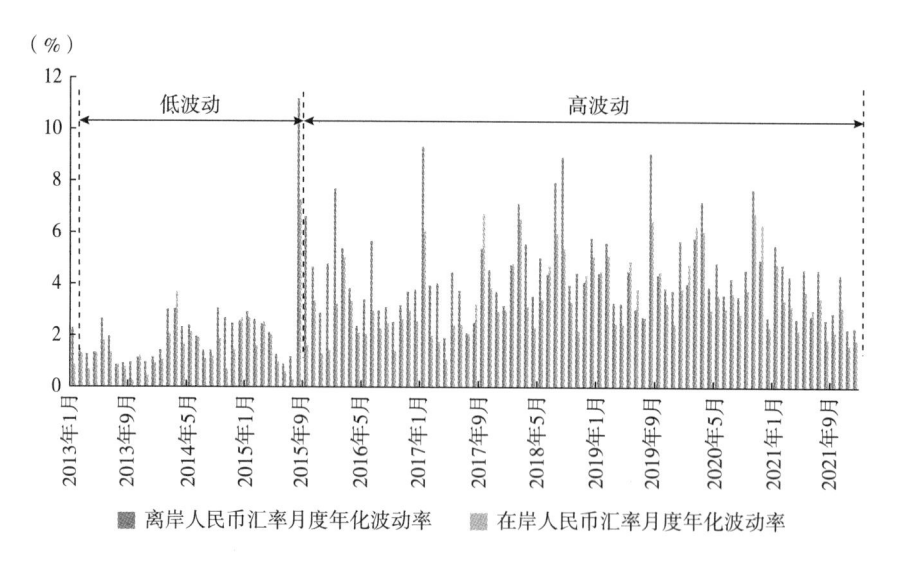

图5-1 在岸与离岸人民币波动率变化情况

(二) 在岸、离岸人民币汇率价差明显减小

"8·11"汇改之初,在岸人民币汇率和离岸人民币汇率价差偏离幅度较大,持续时间较长。但随着人民币市场化机制不断增强,在岸人民币汇率和离岸人民币汇率价差明显减小。2015年,人民币在岸与离岸汇率价差平均为219BP,2021年降至92BP,显著缩窄。除价差绝对值以外,通过跟踪误差(TE)时间序列变化来计算在岸人民币汇率与离岸人民币汇率之间的差异。跟踪误差度量是指两个资产价格收益率序列之间的差异。可以看出:与价差相似,在岸人民币汇率与离岸人民币汇率跟踪误差也从2015年起开始大幅下降,2020年有小幅回升,2021年降至新的低点(见图5-2)。

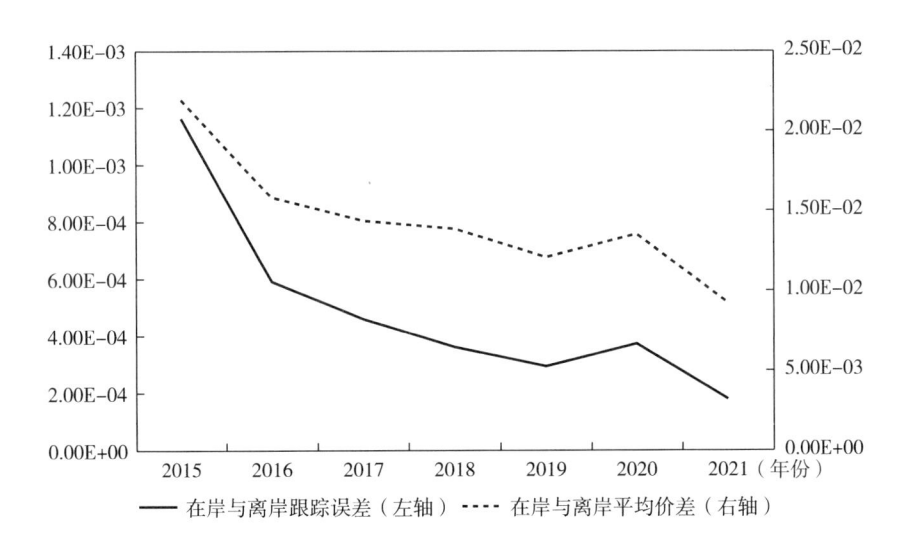

图 5-2 人民币在岸与离岸汇率跟踪误差

（三）各市场汇率定价更加符合无套利定价原理

从理论视角出发，远期汇率与即期汇率的关系应符合利率平价理论，即在两国利率存在差异的情况下，根据无套利定价原理，资金在本国投资和外国投资应有相同的收益率。利率差获得的收益应被远期汇率变动的损失所抵销。具体地，低利率国货币会出现远期升水，高利率国货币会出现远期贴水。以 S 表示即期汇率、F 表示远期汇率，r 表示本国利率、r^* 表示外国利率，T 表示期限，远期汇率应为：

$$F_T = e^{(r-r^*)T} S \tag{5.1}$$

按照利率平价理论下的远期定价公式，基于在岸汇率（CNY）、离岸汇率（CNH）、在岸利率（SHIBOR）、离岸利率（HICNH）[①]、美元利率（LIBOR）等数据，计算出理论上的远期汇率，并与相应期限的实际远期汇率进行对比（见图 5-3）。

[①] HICNH 为香港银行间离岸人民币同业拆借利率，全称为 HongKong Interbank offered Rate of Chinese Yuan in HongKong。

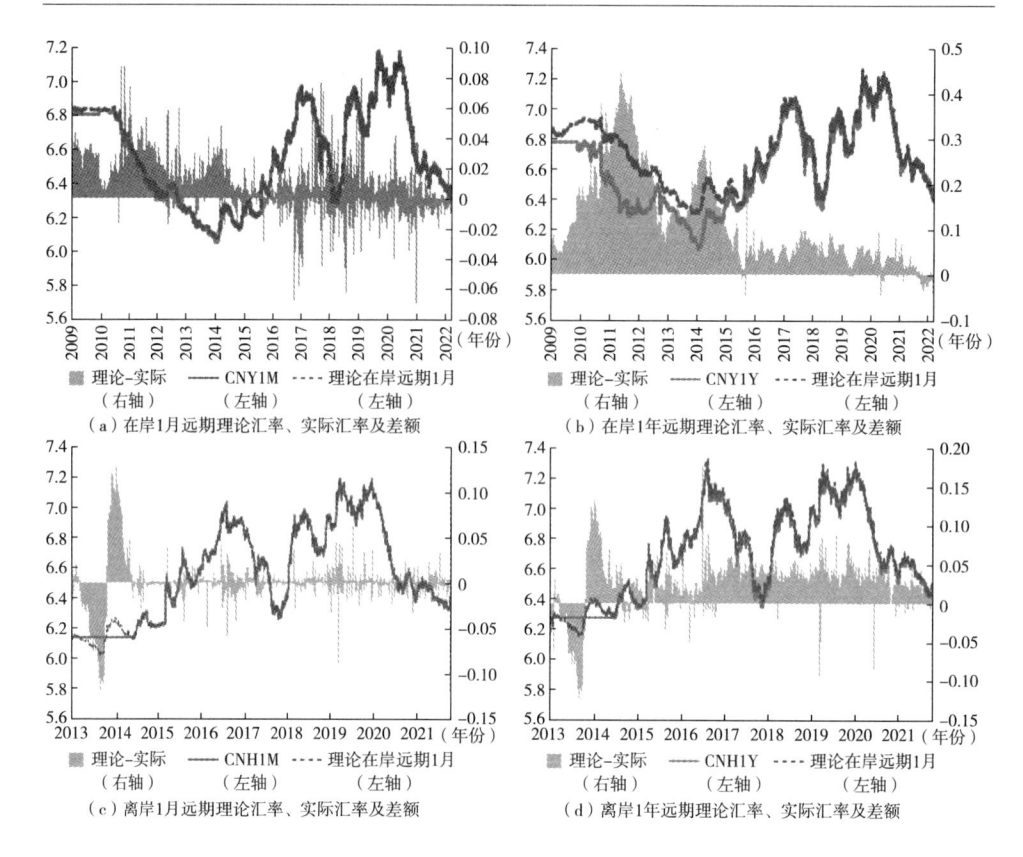

(a) 在岸1月远期理论汇率、实际汇率及差额

(b) 在岸1年远期理论汇率、实际汇率及差额

(c) 离岸1月远期理论汇率、实际汇率及差额

(d) 离岸1年远期理论汇率、实际汇率及差额

图 5-3 在岸、离岸远期理论汇率、实际汇率及差额

如图 5-3 所示，分别考察短期（1 个月）和长期（1 年）的在岸、离岸①远期理论汇率和实际汇率，结果显示：

一是"8·11"汇改显著减小了远期汇率理论值和实际值的差额。"8·11"汇改使得在岸 1 个月远期汇率理论值和实际值差异均值从 239BP 缩窄到 74BP；在岸 1 年远期汇率理论值和实际值差异均值从 1759BP 缩窄到 348BP；离岸 1 个月远期汇率理论值和实际值差异均值从 327BP 缩窄到 43BP；离岸 1 年远期汇率理论值和实际值差异均值从 396BP 缩窄到 277BP。

二是对在岸市场和离岸市场均表现出短期理论远期汇率与实际远期汇率差异小、长期较大的特点。短期理论远期汇率与实际远期汇率差额基本围绕 0 上下波动，接近随机游走过程。长期理论远期汇率与实际远期汇率差额长期为正，即实

---

① 在岸远期样本区间为 2009 年 1 月至 2022 年 3 月，离岸远期样本区间为 2013 年 5 月至 2022 年 3 月。

际远期汇率相较于理论远期汇率,更倾向于认为人民币将升值。这表明,人民币有对长期外资投资的吸引力,但外资跨境流入需承担一定成本,导致无套利定价不能完全成立。

三是对于短期汇率和长期汇率,均表现出离岸市场理论远期汇率与实际远期汇率差异小、在岸市场较大的特点。这可能表明相对于在岸人民币,离岸人民币的市场化程度更高,更易于利用衍生品进行套利行为,从而使得价格更贴近于无套利价格。但值得注意的是,2021年以来,这种差异已经几乎不存在。根据2021年1月至2022年3月的数据,1个月期在岸理论远期汇率与实际远期汇率差异均值为42.9BP,离岸为38.8BP;1年期在岸理论远期汇率与实际远期汇率差异均值为151.9BP,离岸为151.2BP,已基本相等。这表明,境内外人民币及外汇衍生品市场的统一程度进一步提升。

四、人民币汇率市场定价权的实证研究

人民币汇率定价权在哪个市场?对这一问题的研究有助于理解在岸市场和离岸市场人民币汇率关系、稳妥应对外部冲击与发达经济体货币政策变化。衍生品一般也被认为具有重要的价格发现功能,如人民币无本金交割远期汇率(CNYNDF)常用于衡量海外市场对人民币升值或贬值的预期。因此,除了在岸人民币、离岸人民币,还将一个月期限的NDF汇率序列纳入考虑。

(一)模型设定

为研究人民币汇率定价权问题,以CNY、CNH、NDF序列构建TVP-VAR模型。TVP-VAR模型的优势在于参数是时变的,可以度量"8·11"汇改前后三者相互影响关系是否发生变化。

TVP-VAR模型的一般形式为:

$$y_t = c_t + B_1 y_{t-1} + \cdots + B_{st} y_{t-s} + e_t, \quad e_t \sim N(0, \Omega_t)^* \tag{5.2}$$

其中,y_t是$k \times 1$的向量,表示观测到的变量值,这里为CNY、CNH、NDF序列的对数收益率,即ΔCNY、ΔCNH、ΔNDF。B为时变的回归系数,满足$\beta_{t+1} = \beta_t + \mu_{\beta t}$。$\Omega_t$为时变的协方差矩阵。s为滞后阶数。

原模型也可以进一步转化为：

$$y_t = X_t\beta + A^{-1}\sum \epsilon_t \tag{5.3}$$

由于模型中的所有参数都是随时间变化的，一般假设参数服从随机过程。令 $h_{jt} = \log\sigma_{jt}^2$，$a_t = (a_{21}, a_{31}, a_{32}, a_{41}, \cdots, a_{k,k-1})$ 表示矩阵 A 的下三角所有系数。时变系数满足：

$$\beta_{t+1} = \beta_t + \mu_{\beta t}, \quad \alpha_{t+1} = \alpha_t + \mu_{\alpha t}, \quad h_{t+1} = h_t + \mu_{ht}, \quad t = s+1, \cdots, n \tag{5.4}$$

CNY、CNH、NDF 数据的样本区间为 2012 年 5 月 2 日至 2021 年 12 月 31 日，频度为日度，序列均为平稳序列。为准确估计时变参数值，一般采用贝叶斯估计的马尔科夫蒙特卡洛（MCMC）算法。模型具体参数的设定参考已有研究，模型的滞后阶数依据 AIC 和 SC 准则选取滞后 2 阶。将 MCMC 模拟的迭代次数确定为 10000 次，其中模拟的前 1000 次迭代作为预模拟，用以排除模型拟合中的不稳定性。按现有研究的设定，MCMC 次数为 10000 次，初始值的先验选择正态分析。

（二）在岸、离岸人民币的相互关系

考虑时点脉冲响应函数，即某个特定的时点给予人民币在岸或离岸汇率赋予冲击，从而分析其对汇率整体变化的影响。这里考虑分别在 2014 年 12 月底和 2015 年 12 月底给定冲击。以观察"8·11"汇改前后，冲击的影响有无变化。

如图 5-4 所示，观察在岸、离岸人民币汇率冲击的影响程度发现：一是 CNY 扰动对 CNH 的影响高于 CNH 扰动对 CNY 的影响，且 CNY 冲击对 CNH 是当期影响，CNH 冲击对 CNY 冲击是滞后期影响，表明人民币汇率的定价权更多仍然位于在岸市场，人民币有能力应对发达经济体货币政策冲击；二是"8·11"汇改后，CNY 和 CNH 扰动对对方的影响程度均显著增大，表明境内外市场之间的互动显著增强。这一结果印证了汇改对提升人民币市场化程度的重要作用，即境内市场的信息优势能够更顺畅地传递到境外市场，同时境外市场对于外部事件的反应以及投资者多元化等优势也能够通过价格及波动率等要素传递至境内市场。

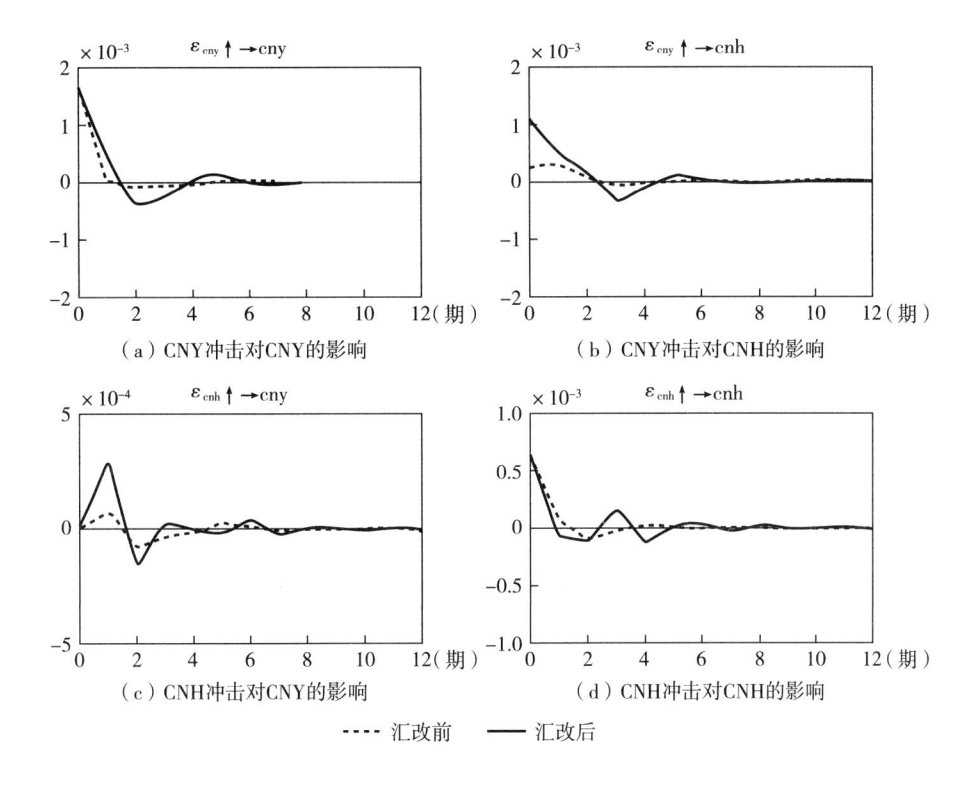

图 5-4 人民币在岸与离岸汇率在汇改前后的脉冲响应函数

如图 5-5 所示为考察远期市场的价格发现功能,观察人民币在岸与离岸汇率与 NDF 汇率冲击的影响程度发现:一是人民币在岸与离岸汇率冲击对 NDF 的影响远高于 NDF 扰动对人民币在岸与离岸汇率的影响;二是"8·11"汇改前后人民币在岸与离岸汇率冲击对 NDF 的影响程度没有明显改变,NDF 扰动对人民币在岸与离岸汇率的影响有所上升,但仍远小于人民币在岸与离岸汇率冲击对 NDF 的影响。表明人民币远期市场的定价权较弱,远期市场对即期市场的价格传导效应未能有效发挥,汇率制度的改革以及创新仍需继续探索各个期限境内外市场的信息交互。

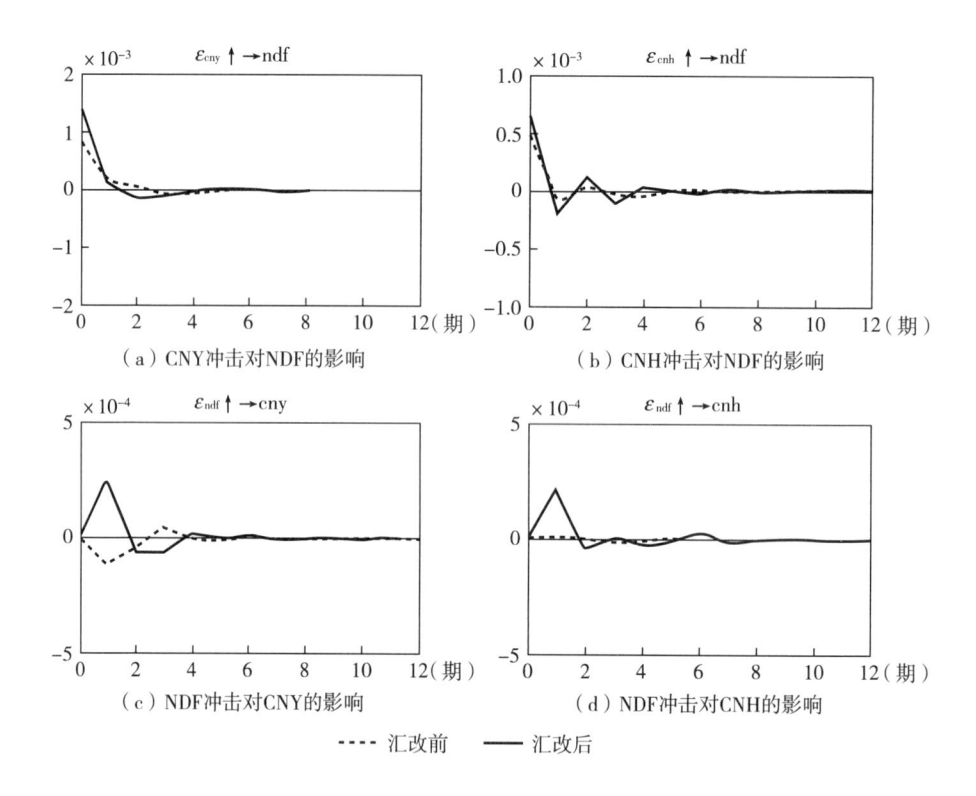

图 5-5 人民币 NDF 汇率在汇改前后的脉冲响应函数

(三) 流动性对在岸、离岸人民币关系的影响

价格是市场需求和供给方通过交易实现的结果。在离岸市场提供充足的流动性，是人民币汇率形成均衡价格的必要条件。随着"一带一路"倡议推进，我国与境外贸易投资往来不断增多，越来越多的离岸主体持有人民币头寸和资产，滋生了使用人民币进行套期保值、对冲等交易的需求。当市场流动性不足时，这些需求难以得到充分满足，导致汇率定价出现扭曲，无法反映市场真实供求关系，甚至使人民币在岸与离岸市场出现较大偏差，对国内经济金融运行造成冲击。

使用 HIBOR-SHIBOR 价差和 CNH 买卖价差来度量离岸人民币市场流动性。价差越高，流动性越差。可以看出，从 2015 年 "8·11" 汇改至 2017 年中，离岸人民币市场流动性较为紧张，但随后不断改善，表现为 2017 年下半年起，HI-

BOR-SHIBOR价差从高位回落并保持较为平稳的水平，CNH买卖价差则逐渐下降（见图5-6）。

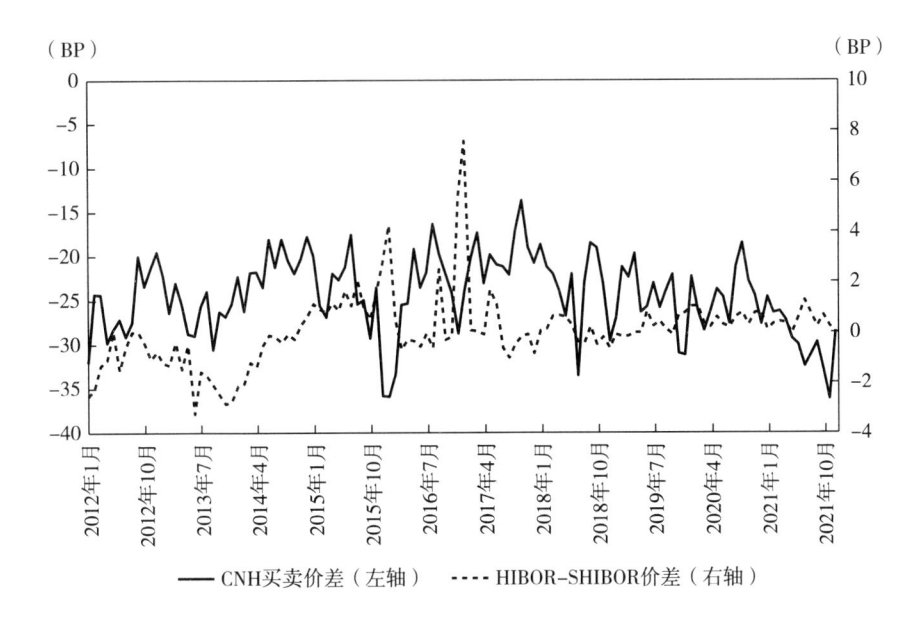

图5-6 离岸人民币市场流动性度量

为考察离岸人民币市场流动性的潜在影响，对离岸人民币市场流动性与波动率相关指标进行格兰杰因果关系检验。一是检验人民币汇率波动率上升是否由离岸市场波动率收紧导致，二是检验离岸市场流动性与在岸与离岸市场联动的关系。离岸市场流动性采用HIBOR-SHIBOR价差和CNH买卖价差进行度量。

如表5-1所示，格兰杰因果关系检验表明：HIBOR-SHIBOR价差、CNH买卖价差与CNH汇率波动率之间不存在显著的因果关系，但HIBOR-SHIBOR价差是CNY-CNH价差的格兰杰原因。这表明，"8·11"汇改后的汇率波动率上升并不是由离岸市场流动性收紧直接导致的，更多是扩大人民币汇率双向浮动区间，形成机制市场化改革的结果。但离岸市场流动性收紧可能扩大CNY和CNH的价差，导致境内外人民币市场分割现象更加明显。因此，为防止出现在岸与离岸市场偏差，促进境内外人民币一体化，应为境外主体提供充分的流动性保障。

表 5-1　离岸市场流动性与汇率波动相关指标的格兰杰因果关系检验

原假设	统计值	P值	结论
HIBOR-SHIBOR 价差不是 CNH 汇率波动率的格兰杰原因	0.6431	0.527	不拒绝
CNH 汇率波动率不是 HIBOR-SHIBOR 价差的格兰杰原因	1.2718	0.284	不拒绝
CNH 买卖价差不是 CNH 汇率波动率的格兰杰原因	0.0865	0.917	不拒绝
CNH 汇率波动率不是 CNH 买卖价差的格兰杰原因	0.7396	0.479	不拒绝
HIBOR-SHIBOR 价差不是 CNY-CNH 价差的格兰杰原因	1.6648	0.199	不拒绝
CNY-CNH 价差不是 HIBOR-SHIBOR 价差的格兰杰原因	1.0477	0.308	不拒绝
CNH 买卖价差不是 CNY-CNH 价差的格兰杰原因	3.1916**	0.044	拒绝
CNY-CNH 价差不是 CNH 买卖价差的格兰杰原因	0.2218	0.801	不拒绝

注：*、**、***分别表示在10%、5%、1%的水平下显著。

考虑到离岸市场流动性的关键作用，猜测离岸市场流动性可能也会对人民币定价权的归属问题产生一定影响。为此，选取汇改后四个时间点进行脉冲响应分析，其中包括离岸市场流动性较为紧张的2015底至2017年底，和流动性有所改善的2019年至2021年底。可以看出，CNY对CNH的影响程度在汇改后长期保持平稳水平，但CNH对CNY的影响程度不断上升，2019年起更加明显。表明"8·11"汇改后，虽然人民币汇率的定价权更多位于在岸市场，但离岸市场价格的影响力在不断增强，可能暗示离岸市场流动性的改善将提高离岸人民币定价权（见图5-7）。

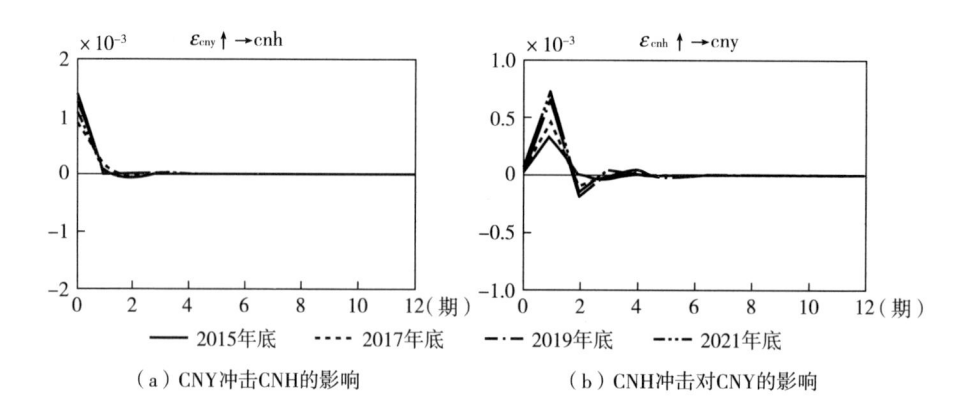

（a）CNY冲击CNH的影响　　（b）CNH冲击对CNY的影响

图 5-7　汇改后人民币在岸与离岸脉冲响应函数变化

(四) 人民币即期汇率、远期汇率的关系

在有效市场理论下,假定投资者对市场具有理性预期,且价格可以反映一切信息,那么远期汇率应是未来即期汇率的无偏估计,即

$$F_t = E(S_t | I_t) = e^{(r-r^*)T} S \tag{5.5}$$

根据前文对人民币汇率理论远期值和实际远期价格的对比,已经发现人民币对美元汇率利率平价关系,即 $F_t = E(S_t | I_t)$ 不能恒成立,但这不能直接否定远期市场的定价效率。除套利可能受到约束以外,只有在投资者为风险中性或外汇资产系统性风险为零这两种情形下,$F_t = E(S_t | I_t)$ 才成立。在其他情况下,当前远期价格均不会完全等于未来即期价格的无偏估计。在一个有效市场中,均衡状态下远期价格 F_t 与 $E(S_t | I_t)$ 之间的差额,都应该是外汇资产的系统性风险溢酬(陈蓉和郑振龙,2009)。

由此,考虑建立如下回归模型检验远期市场定价效率:被解释变量为远期汇率升/贴水,解释变量为响应期限的利差与期限乘积,可视为持有即期汇率的机会成本。

$$F - S = \alpha + \beta(r - r^*)t + \varepsilon \tag{5.6}$$

由于"8·11"汇改对人民币价格形成机制市场化起到了显著促进作用,采取汇改后的样本区间进行研究,即2015年8月至2022年3月。经检验,被解释变量与解释变量均为平稳的I(0)序列,可用于回归(见表5-2)。

表5-2 在岸、离岸汇率远期市场定价效率检验回归结果

汇率类别	α	β	R^2
在岸汇率	−4.04E-3***	5.29E-2***	85.91%
	(−7.453)	(137.0)	
离岸汇率	−3.37E-3***	5.74E-2***	95.73%
	(−8.366)	(257.3)	

注:*、**、***分别表示在10%、5%、1%的水平下显著,括号内为t值。

可以看出,人民币汇率升与贴水的变动,在岸市场有85.9%、离岸市场有95.7%可由持有即期汇率机会成本解释。机会成本的回归系数均显著异于0,表明远期市场尤其是离岸远期市场的定价效率较高。

（五）人民币即期汇率和远期汇率的波动溢出影响

首先，对即期汇率与1个月期限远期汇率进行格兰杰因果关系检验。结果表明，在岸市场、离岸市场的即期汇率和远期汇率均互为对方的格兰杰原因，表明远期汇率发挥了一定的价格发现功能（见表5-3）。

表 5-3 格兰杰因果关系检验

原假设	统计值	P 值	结论
在岸即期汇率不是1个月期限远期汇率的格兰杰原因	23.0902***	3.0E-26	拒绝
在岸1个月期限远期汇率不是即期汇率的格兰杰原因	4.71609***	9.0E-05	拒绝
离岸即期汇率不是1个月期限远期汇率的格兰杰原因	54.1902***	2.0E-33	拒绝
离岸1个月期限远期汇率不是即期汇率的格兰杰原因	2.74597**	0.0417	拒绝

注：*、**、***分别表示在10%、5%、1%的水平下显著。

其次，根据Johansen协整检验，即期汇率与远期汇率之间存在协整关系，可构建VECM模型。分别对在岸市场、离岸市场建立VECM模型。方差分解结果表明：即期汇率和远期汇率的波动大部分因素均来自于即期汇率，来自远期汇率的部分较少。

具体地，对于在岸市场，滞后5期以内，即期汇率波动中有超过86%的部分来自于自身，短期远期汇率也有一定影响，约为13%，来自长期远期汇率的仅有1%左右。短期、长期远期汇率波动中，有超过60%的部分来自即期汇率。显示出即期汇率对远期汇率的波动溢出效应高于远期汇率对即期汇率的波动溢出效应。

对于离岸市场，即期汇率的波动溢出效应更高。即期汇率波动中有超过99%来自于自身，短期、长期远期汇率波动中分别约有95%、80%来自于即期汇率（见表5-4）。

表5-4 在岸、离岸市场人民币对美元汇率波动的方差分解　　　单位:%

在岸市场各汇率波动的方差分解

影响来自	即期汇率波动			短期远期汇率波动			长期远期汇率波动		
	即期汇率	短期远期汇率	长期远期汇率	即期汇率	短期远期汇率	长期远期汇率	即期汇率	短期远期汇率	长期远期汇率
滞后1期	100	0	0	57.36	42.64	0	62.72	2.07	35.21
滞后2期	94.71	4.34	0.95	63.09	36.15	0.76	66.52	6.75	26.73
滞后3期	90.51	8.44	1.05	65.22	33.97	0.80	65.78	10.52	23.7
滞后4期	88.12	10.98	0.90	66.99	32.15	0.86	64.91	12.82	22.27
滞后5期	86.25	12.88	0.86	68.32	30.75	0.93	64.41	14.46	21.14

离岸市场各汇率波动的方差分解

影响来自	即期汇率波动			短期远期汇率波动			长期远期汇率波动		
	即期汇率	短期远期汇率	长期远期汇率	即期汇率	短期远期汇率	长期远期汇率	即期汇率	短期远期汇率	长期远期汇率
滞后1期	100	0	0	82.36	17.64	0	56.77	17.5	25.74
滞后2期	100	0	0	90.40	9.40	0.20	72.08	9.88	18.04
滞后3期	99.98	0.01	0.01	93.24	6.58	0.17	77.43	7.28	15.29
滞后4期	99.92	0.06	0.02	94.16	5.70	0.14	78.73	6.73	14.54
滞后5期	99.87	0.12	0.02	94.88	4.99	0.13	79.85	6.20	13.95

最后,考虑到汇改后,外汇即期汇率与远期汇率的关系可能发生变化,建立时变的 TVP-VAR 模型,并在 2022 年 3 月对即期汇率和 1 个月(1M)、1 年(1Y)的远期汇率施加冲击,观察相互影响程度,结果验证了上述结论:无论是在岸市场还是离岸市场,对即期汇率施加冲击,远期汇率,尤其是短期远期汇率受到的影响较为明显;反之,对长、短期远期汇率施加冲击,即期汇率受到的影响不明显(见图5-8)。

（a）在岸市场即期、远期汇率冲击的影响　　（b）离岸市场即期、远期汇率冲击的影响

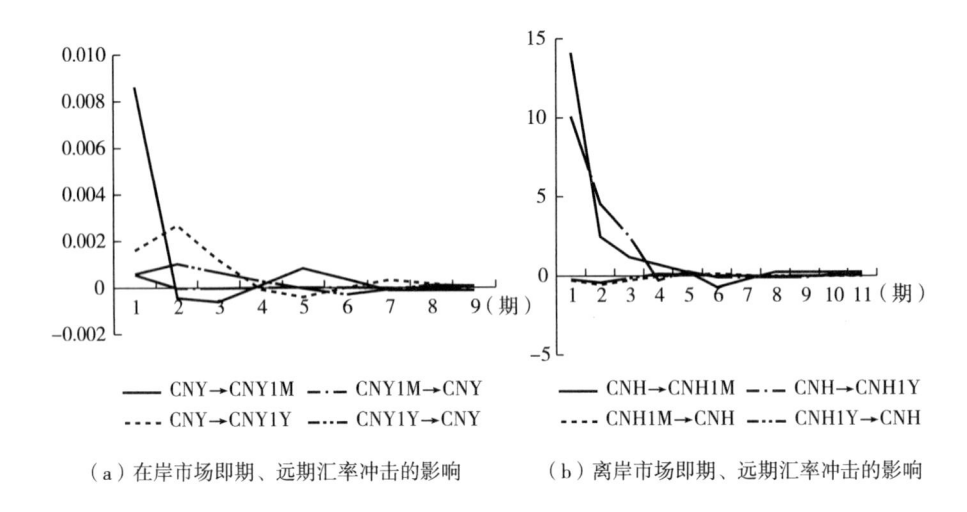

图 5-8　时变的 TVP-VAR 模型下各汇率冲击的影响

五、本章小结

本章通过对人民币在岸汇率和离岸汇率序列进行定性和定量分析，并构建 TVP-VAR 模型，得出以下结论：一是人民币汇率在岸与离岸市场不断统一、弹性和双向波动逐渐加强、流动性逐渐改善、定价更加符合无套利原理等；二是当前人民币市场跨境交易、结算形成的结果仍为在岸市场定价权高于离岸市场；三是离岸市场流动性改善能够促进境内外人民币市场统一；四是人民币远期市场对即期市场的价格传导效应依然较弱，即期汇率对远期汇率的波动的溢出效应更高，而远期汇率对即期汇率的波动溢出效应较低，未能充分发挥价格发现功能。为进一步深化汇率市场化改革，推进人民币国际化，提出以下建议：

一是加快推进汇率形成机制改革。"8·11"汇改后，人民币汇率形成机制更为市场化，在岸、离岸市场双向流动明显增强。但实证表明，当前人民币市场跨境交易、结算形成的结果仍为在岸市场定价权高于离岸市场。这表明当前人民币有较强能力应对国际资本流动冲击，深化人民币汇率形成机制市场化改革不仅有

空间，也有稳定的基础，可适时加快推进步伐，促进境内外人民币一体化。

二是继续发展人民币外汇衍生品市场。从实证结果来看，人民币在岸远期市场未能起到信息传导作用，人民币波动更多来源于短期、现货市场，长期、衍生品市场的价格影响机制未能体现；人民币外汇衍生品市场的规模、产品种类、参与主体等均与发达经济体货币有一定差距。建议加强多品种、全期限的外汇市场建设，丰富外汇衍生品产品种类，并逐渐放宽参与限制，增加市场主体，扩展和加深市场的广度和深度，更好地实现和发挥人民币外汇衍生品市场的价格发现与信息传递功能。

三是进一步推动人民币国际化。长期以来，人民币跨境资本流动需求来源以贸易结算为主。随着人民币使用主体和使用量不断增加，应顺势加快推进资本账户开放、拓宽人民币跨境流动渠道。加强基础设施建设，为离岸人民币市场流动性提供充分保障，将人民币使用从以贸易结算为核心不断向投资、储蓄、交易等多领域扩展，推动人民币国际化。

第六章 基于外汇期权隐含波动率的汇率区间预测

本章介绍了外汇期权隐含波动率的定义及我国外汇期权市场的发展现状，在此基础上，引入人民币对美元外汇期权的风险逆转指标和蝶式指标，论证了风险逆转指标和汇率趋势之间的相关关系，以及蝶式指标和汇率波动率之间的相关关系。最后从外汇期权隐含波动率出发，推导了使用外汇期权隐含波动率预测汇率区间的数理模型，并基于现实汇率走势进行了回测。

一、研究背景

市场化的金融指标通常包含市场参与者对未来预期的信息。如远期汇率常被用于预测未来的即期汇率。然而，远期汇率仅描述了风险中性条件下未来即期汇率的期望值，对汇率的不确定性并没有提供任何信息。相比之下，金融资产的波动率作为一个重要的参数，对于金融衍生产品的定价以及风险的测度和管理具有重要的理论和实际意义，其中外汇期权隐含波动率（Implied Volatility，IV）是被认为能够提供更多关于未来的预测信息。在 Black-Scholes 框架下，期权的隐含波动率与价格呈现正相关关系，当市场参与者倾向于买入某一执行价格的期权时，会推高该期权的价格，使其隐含波动率上升。不同执行价的期权隐含波动率的差异，意味着市场参与者对未来汇率达到各个水平的预期不同，由此可以推测未来汇率在一定区间内的概率分布。

隐含波动率也是国际业界研判汇率趋势预期的常用方法。相较于传统的经济基本面预测方法，隐含波动率对汇率波动区间预测完全基于市场价格数据，具有以下特点：一是传统模型通常建立在历史数据的基础上，且历史数据更多反映的是过去的信息；隐含波动率预测模型则认为，在市场有效的前提下，价格已包含了包括市场主体预期在内的一切已知信息，更能反映未来的市场状况。二是传统模型通常有较为严格的前提假设和较为主观的参数设定；隐含波动率预测模型使用的所有参数均为市场数据，更加客观。三是传统模型所依据的经济基本面统计数据的频度一般为季度和年度，无法捕捉短期内的一些偶然性因素对汇率的影响；隐含波动率预测模型使用的市场数据的频度是以日，甚至以秒为单位的，能够更快地捕捉到信息的变化，随时调整各种因素的影响，对预测进行修正。

二、文献回顾

波动率在现代金融理论和实践中起着至关重要的作用，是资产定价和风险管理的核心。对波动率的建模和预测已经成为金融市场风险管理中的一个重要任务。从20世纪70年代末开始，许多学者对随机波动率模型展开了深入研究，这些已有的研究表明，不同资产的波动率之间存在一些共性，如波动率聚类现象、杠杆效应、长记忆性等。波动性聚类指的是较大的波动率后往往伴随着较大的波动率，而较小的波动率之后波动率也较小。

学者们基于以上描述波动率变化的模型对不同市场的波动率预测能力进行了研究。然而，现有的关于波动预测的实证结果表明，不同的模型适合于不同的市场，尚未有一种模型的预测效果绝对优于其他模型。Akgiray（1989）发现，GARCH模型对于美国股票市场的预测效果最好。Andersen、Bollerslev和Lange（1999）以高频数据对GARCH模型的预测能力进行了实证检验，发现高频数据显著提高了对波动率的预测能力。Hansen和Lunde（2005）使用SPA检验对GARCH族模型进行了全面对比，没有发现复杂模型能够超越GARCH（1，1）的预测能力。

除了使用实现波动率建模对未来波动率进行预期以外，一些研究也对比了隐含波动率的预测能力。隐含波动率是使得期权价格等于市场价格的波动率，是由市场交易行为形成的交易者对未来波动率的预期，因此其本身就包含了对未来的预测能力。但学者对隐含波动率对未来实现波动率的预测能力也存在分歧，Day 和 Lewis（1992）认为，隐含波动率的预测能力和 ARCH 模型相当，但是二者的结合能够更好地预测波动率。Christensen 和 Prabhala（1998）使用更长的时间区间进行了实证检验，结果显示虽然隐含波动率的预测有偏，但仍然比历史波动率的预测效果好。Jorion（1995）、Xu 和 Taylor（1995）在外汇市场上得到了类似的结论。Blair、Poon 和 Taylor（2010）使用高频数据，对多种波动率预测方法进行了对比研究，提出 VIX 指数本身是预测 S&P100 指数波动率的很好的指标。

从以上讨论中可以看出，国外学者已经从多个视角对不同金融资产的波动率开展了研究，但是对于什么样的模型预测效果更好这一问题却难以得到较为一致的结论。近年来，国内学者对我国金融市场波动率模型也进行了一些探索，包括股票市场和外汇市场。例如，张永东和毕秋香（2003）实证比较了常用的波动性预测模型对上海股市波动的样本外预测效果，结果表明当采用不同的预测误差统计量作为预测精度的评价准则时，将会导致评价结果的显著差异，且常用的 GARCH（1，1）模型对上海股市波动性的预测效果并不理想。刘凤芹和吴喜之（2004）应用 SV 模型及其拓展 ASV 模型来预测深圳股市的波动率，发现 SV 模型的预测效果最优，GARCH 模型的效果不稳定。魏宇（2010）以沪深 300 指数的高频数据为例，对比了 GARCH 族模型和基于高频数据的实现波动率模型的预测能力，发现实现波动率模型和加入附加解释变量的扩展随机波动模型效果好于 GARCH 模型。汇率波动率研究方面，隋建利、刘金全和闫超（2013）使用 ARFIMA-FIGARCH 模型分别对人民币汇率收益率和波动率的长记忆性进行了研究，发现人民币汇率中间价的对数收益率不存在明显的长记忆性，但是其条件方差的长记忆效应显著。

国内研究的发展趋势具有以下两个特点：一是从普通的 GARCH 模型向其他更加复杂的、能描述波动率不对称和长记忆特征的模型转变；二是数据来源向高频数据转变。但需要指出的是，国内现有研究当中仍然存在一些不足和值得进一步深入的研究方向：一是对波动率的建模大多基于实际波动率，缺少从隐含波动率视角展开的研究；二是对波动率的研究集中于股票市场，对人民币外汇市场波动率的研究较少。

三、人民币外汇期权简介

外汇期权交易是指交易双方在规定期间按商定的条件和一定的汇率，就将来是否购买或出售某种外汇的选择权进行买卖的交易。我国外汇期权市场起步较晚，但发展迅速，2011年4月1日，国家外汇管理局外汇交易中心正式推出人民币对外汇期权交易，使企业、银行拥有更多的外汇投资渠道和汇率避险工具，让人民币汇率形成机制更为均衡合理。随后，国家外汇管理局又推出了多种期权组合，包括价差期权组合（Spread）、风险逆转期权组合（Risk Reversal）、跨式期权组合（Straddle）、宽跨式期权组合（Strangle）、蝶式期权组合（Butterfly）和自定义期权组合（Custom Strategy）等。2019年，外汇交易中心进一步推出其他外币对期权交易，包括EURUSD、USDJPY、GBPUSD、AUDUSD、USDHKD等货币对的普通欧式期权和期权组合[1]。

随着品种增加，外汇期权市场成交量也在快速增长。外汇交易中心数据显示，2021年我国期权市场累计成交1.2万亿美元，同比增长47%。其中，银行对客户市场累计成交3446亿美元，同比增长26.0%；银行间期权市场累计成交额超过8934亿美元，同比增长58%。外汇期权已成为企业广泛使用的汇率避险保值工具，外汇期权市场的有效性也在不断提升，报价逐渐趋于合理，预测的有效性也会不断提高。

（一）外汇期权与隐含波动率

在Black-Scholes框架下，外汇期权类似于连续支付股利的股票期权。此时S不再表示股票价格，而是每一单位外汇的价格，也就是即期汇率。外汇所有者收到等于外汇无风险利率r^*的收益率。以r^*代替股票的连续红利支付率q，r为本币的无风险利率，r和r^*对应的期限都为T，可以得到外汇欧式看涨期权（Call）

---

[1] EUR表示欧元，全称为Euro；USD表示美元，全称为United States Dollor；JPY表示日元，全称为Japanese Yen；GBP表示英镑，全称为Great Britain Pound；AUD表示澳大利亚元，全称为Australian Dollar；HKD表示港元，全称为HongKong Dollar。EURUSD、USDJPY、GBPUSD、AUDUSD、USDHKD分别表示欧元对美元、美元对日元、英镑对美元、澳元对美元、美元对港元的汇率。

和看跌期权（Put）的定价公式：

$$c = e^{-r^*T}SN(d_1) - e^{-rT}KN(d_2)$$
$$p = e^{-rT}KN(-d_2) - e^{-r^*T}SN(-d_1) \tag{6.1}$$

其中，$d_1 = \dfrac{\ln(\frac{S}{K}) + (r-r^* + \frac{\sigma^2}{2})T}{\sigma\sqrt{T}}$，$d_2 = \dfrac{\ln(\frac{S}{K}) + (r-r^* - \frac{\sigma^2}{2})T}{\sigma\sqrt{T}} = d_1 - \sigma\sqrt{T}$。

隐含波动率是使得市场价格等于 Black-Scholes 公式计算出的期权价格的波动率。对于不同执行价和不同期限的期权，其市场价格可推算出不同的隐含波动率。期权在执行价维度上变化，将各隐含波动率连接可以得到隐含波动率曲线；将在期限和执行价两个维度上变化的隐含波动率绘制成曲面可以得到隐含波动率曲面。

一般来说，隐含波动率曲线有"微笑"和"偏斜"的特点。"微笑"表现为：隐含波动率曲线的两端高，中间低；"偏斜"表现为：人民币对美元汇率在直接标价法下上涨，即人民币贬值时有较高的隐含波动率。此外，人民币对美元汇率隐含波动率有较为明显的期限结构，表现为：一是期限越长，隐含波动率整体水平越高；二是期限越长，隐含波动率曲线的"偏斜"越明显。

需注意，和常见的股票期权不同，外汇期权的报价不是基于执行价格，而是 delta 值，delta 值表示的是期权的在值程度。在 Black-Scholes 框架下，delta 可以写为与在值程度（Moneyness）——S/K——对应的函数，因此从 delta 值出发可以推算出该期权的执行价格。此外，外汇期权的报价也并非真正"价格"，而是直接报隐含波动率，代入 Black-Scholes 公式计算后才能得到真实的期权费。

常见的 delta 报价包括：0.1P、0.25P、0.4P、ATM、0.4C、0.25C、0.1C。例如，0.1P 意为：该执行价的看跌期权，其 delta 值为-0.1；0.1C 意为：该执行价的看涨期权，其 delta 值为 0.1。ATM 指平值期权（At the Money），即执行价等于现价的期权。根据 delta 定义可知，0.1P 期权的执行价格最低且在现价左边，0.1C 期权的执行价格最低且在现价右边。平值期权的隐含波动率一般比实值期权（In the Money）、虚值期权（Out of the Money）的隐含波动率低，且随着期限增加，隐含波动率增大。这是由于期限越长，汇率的不确定性也就越大，需要更高的价格来对冲汇率风险。

（二）隐含波动率和实际波动率的对比

为对比人民币外汇期权隐含波动率与人民币汇率市场实际波动率的关系，将 1

个月期的平值期权的隐含波动率报价与该期权实际存续期内的月度实际波动率进行对比。例如，2021年3月1日的隐含波动率，指的是2021年3月1日时，1个月期的平值期权的隐含波动率报价；2021年3月1日的实际波动率，指的是2021年3月1日至2021年3月31日期间的实际波动率。对比结果如图6-1所示。

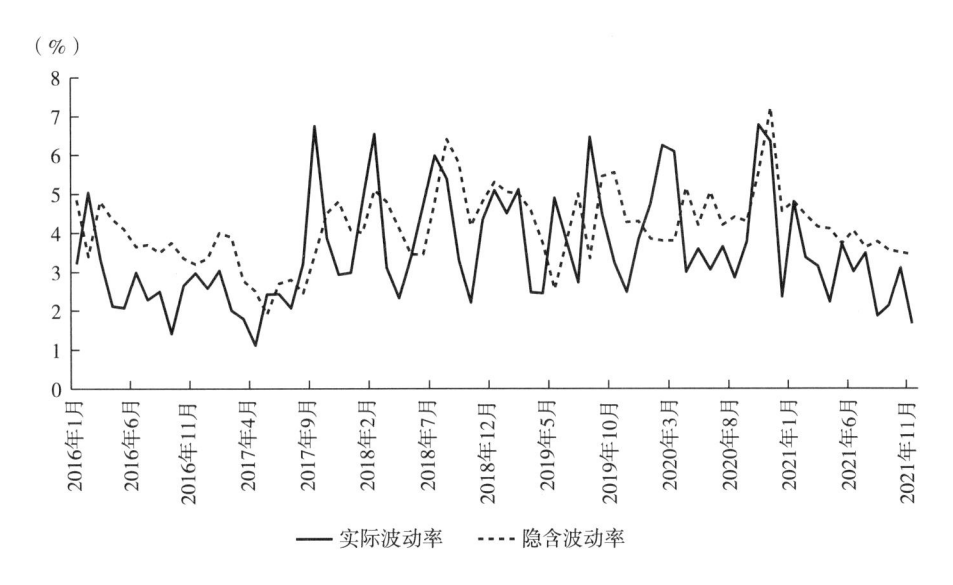

图6-1　隐含波动率和实际波动率之间的对比（期限为1个月）

隐含波动率和实际波动率的大小没有系统性的差异，但是隐含波动率的变动趋势相对实际波动率略有滞后，这说明市场交易者在对外汇期权进行定价时，可能会参照近期的历史实际波动率。

（三）波动率偏斜与微笑

对不同金融市场历史实际波动率的研究表明，波动率常与收益率呈现负相关关系，即收益率对波动率具有非对称的影响：负收益会导致波动率快速上升，而正收益会导致波动率小幅下降。该效应在股票市场中体现得最为明显，以美国股票市场为例，每当市场快速下跌时，波动率指数（VIX）都会大幅上涨。

为研究人民币汇率市场波动率和收益率的实际情况，采取如下方法：将月度收益率按从小到大排序，将实际月度波动率和月度收益率一一对应，并画出波动率的柱状图（见图6-2）。从图6-2中可以观察到：左半区的实际波动率相对较高，右半区的实际波动率相对较低,即收益率较高时波动率低,收益率较低时波动率高。这表明人民币汇率的收益率和波动率之间也可能存在一定的负相关关系。

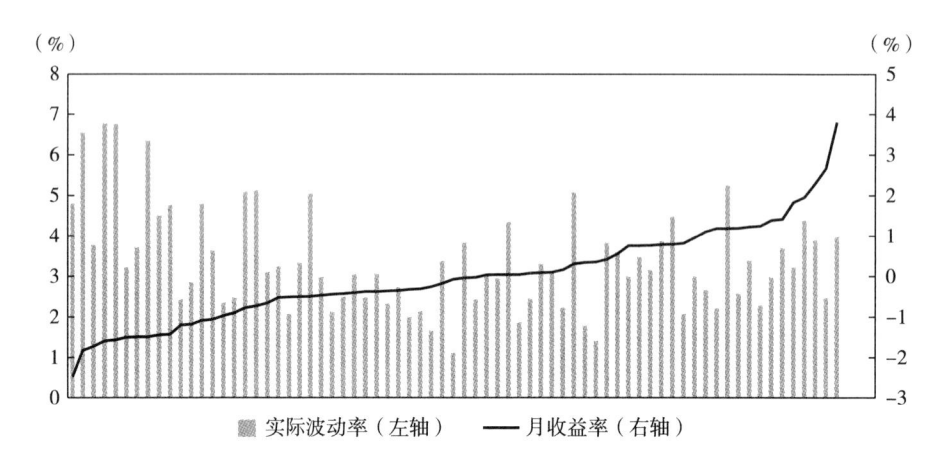

图 6-2 按收益率排序的实际波动率

实际波动率和收益率呈负相关关系,隐含波动率和收益率之间是否也存在类似的关系?为研究这个问题,将隐含波动率和收益率也一一对应,并画出波动率的柱状图(见图 6-3)。此处隐含波动率为 1 个月期限平值期权的隐含波动率,收益率仍为月度收益率,结果显示,波动率整体分布较为平均,未明显观察出收益率与隐含波动率的线性相关关系。

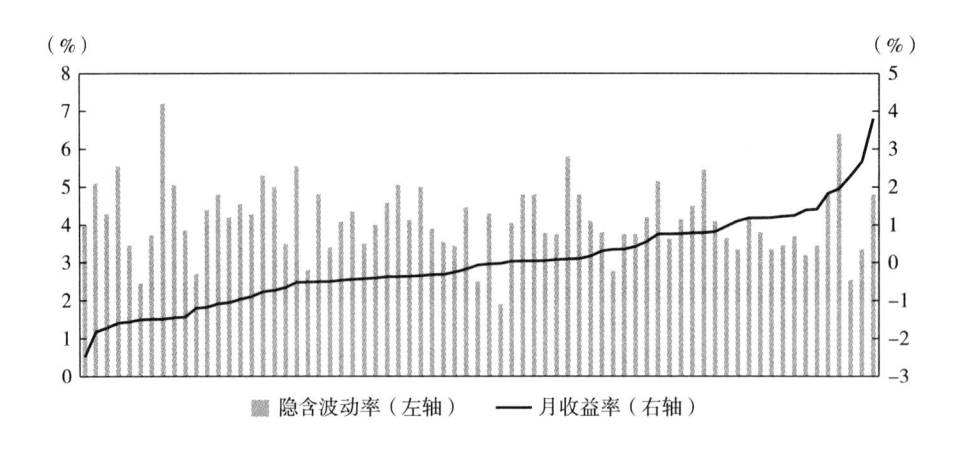

图 6-3 按收益率排序的 1 个月期 ATM 市场价格隐含波动率

进一步考虑将收益率作为影响隐含波动率的变量,采取如下方程进行回归:

$$implyvol_t = \alpha + \beta return_t + \varepsilon_t \quad (6.2)$$

对不同期限、不同 delta 值的期权分别进行回归。其中,delta 值用来描述期权的执行价格。ATM 代表平值期权,即期权的执行价,也即现价。回归结果如表 6-1 所示。

表 6-1 不同期限、不同 delta 值的期权隐含波动率和收益率的回归系数

期限 delta 值	1M	3M	6M	9M	12M
0.1P	0.2914 (1.056)	0.0043 (0.131)	0.0649 (0.162)	0.1265 (0.289)	0.1327 (0.265)
0.25P	0.1625 (0.731)	−0.1077 (−0.415)	−0.1352 (−0.418)	−0.0334 (−0.091)	−0.1036 (−0.241)
0.4P	−0.0524 (−0.162)	−0.0855 (−0.270)	−0.1372 (−0.430)	0.0700 (0.188)	0.0475 (0.119)
ATM	−0.0304 (−0.086)	−0.0321 (−0.096)	0.0648 (0.178)	0.0639 (0.150)	0.1287 (0.268)
0.4C	−0.1013 (−0.259)	−0.1829 (−0.463)	−0.1135 (−0.272)	−0.0807 (−0.1869)	−0.0967 (−0.190)
0.25C	0.0180 (0.084)	−0.2104 (−0.856)	−0.116 (−0.378)	−0.0509 (−0.142)	0.0387 (0.092)
0.1C	0.2753 (1.080)	0.2231 (0.664)	0.1986 (0.448)	0.3673 (0.650)	0.3938 (0.562)

注:括号内为 t 值。

经检验,各个期限的各个 delta 值的期权市场报价波动率和人民币汇率收益率均无显著的线性关系。因此,人民币汇率波动率曲线也就没有偏斜效应,这也与按收益率排序的波动率柱状图相互验证。图 6-3 中,波动率呈现随机游走的走势,而与收益率的大小无关,这意味着市场报价的隐含波动率演化的是一个和收益率无线性关系的随机过程。

上述回归证明了各个期限的市场价格隐含波动率曲线均无偏斜,那么波动率微笑是否仍然存在?为验证波动率曲线的微笑效应,采取收益率的绝对值作为回

归解释变量，回归方程如下：

$$implyvol_t = \alpha + \beta abs\_return_t + \varepsilon_t \tag{6.3}$$

回归结果如表6-2所示。

表6-2 不同期限、不同delta值的期权隐含波动率和收益率绝对值的回归系数

delta值＼期限	1M	3M	6M	9M	12M
0.1P	1.4407*** (3.477)	1.5457*** (0.131)	1.825*** (3.066)	1.7856*** (2.7368)	2.0191*** (2.700)
0.25P	0.9783*** (2.955)	0.9253** (2.387)	1.0293** (2.126)	0.9942* (1.818)	1.2740** (1.977)
0.4P	2.1024*** (4.406)	1.8725*** (3.995)	1.8759*** (3.980)	2.0215*** (3.662)	1.7660*** (2.975)
ATM	2.1898*** (4.182)	1.8240*** (3.669)	1.8036*** (3.336)	1.9191*** (3.025)	2.3123*** (3.242)
0.4C	2.5241*** (4.385)	1.9124*** (3.254)	2.0856*** (3.363)	1.4279** (2.213)	2.0805*** (2.737)
0.25C	1.0291*** (3.228)	0.9906*** (2.700)	1.0514** (2.294)	0.8978* (1.675)	0.8941 (1.417)
0.1C	0.4277 (0.378)	0.3036 (0.552)	0.4149 (0.626)	0.0279 (0.033)	-0.0623 (-0.059)

注：*、**、***分别表示在10%、5%、1%的水平下显著，括号内为t值。

回归结果显示，除了call delta=0.1的各个期限的期权，其他期限和delta值的期权的隐含波动率和收益率的绝对值都呈显著的正相关关系，即从总体上可以认为，波动率曲线的中间较两端低，有"微笑"效应。

综上所述，人民币汇率波动率有以下特征：实现波动率与收益率有一定的负相关关系，但隐含波动率与收益率不存在"偏斜"，仅有波动率"微笑效应"。

（四）隐含波动率变化行为

Derman（1999）提出了描述波动率随时间变化行为的两种模型，分别为执行价黏性（Sticky-strike）和delta黏性（Sticky-delta）。执行价黏性表示：给定

某一时点的波动率微笑曲线后,随着标的资产的价格变化,特定执行价格的期权波动率在短期内保持在稳定水平。用数学表达式可写为:

$$\sum(S, K, t) = \sum\nolimits_{atm}(t) - b(t)(K - S_0) \tag{6.4}$$

其中 S 表示标的资产价格,K 为执行价,$\sum()$ 表示当前标的资产价格为S_0时,由 Black-Scholes 公式推出的隐含波动率,b(t)描述了波动率微笑曲线的斜率。当存在负向偏斜时,b(t)为正。

若期权波动率的变动规律满足执行价黏性,则无论标的资产的价格如何变化,每一只固定执行价期权的短期波动率都保持在不变的水平。随着标的资产价格增加,平值期权的波动率下降,用二叉树模型来描述的期权价格如图6-4所示。

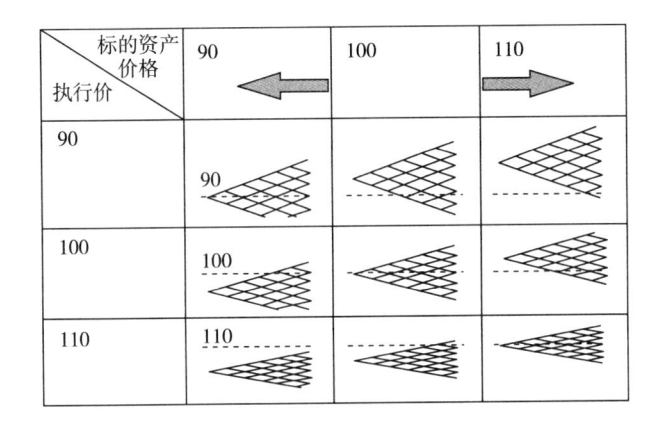

图6-4 执行价黏性下资产价格变化的二叉树模型

资料来源:Derman E. Regimes of Volatility: Some Observations on the Variation of S&P 500 Implied Volatilities [R]. Goldman Sachs Working Paper, 1999.

delta 黏性表示:一个期权的波动率取决于其在值程度,即 K/S。期权波动率不管是随标的资产价格变化还是随执行价变化,本质是由在值程度变化导致的。其数学表达式如下:

$$\sum(S, K, t) = \sum\nolimits_{atm}(t) - b(t)(K/S - 1)S_0 \tag{6.5}$$

在 Black-Scholes 公式中,delta 是 K/S 的函数,因此 delta 黏性实质上就是在值程度黏性。delta 黏性条件下,平值期权的波动率和标的资产的价格无关。用二叉树模型来描述的期权价格如图6-5所示。

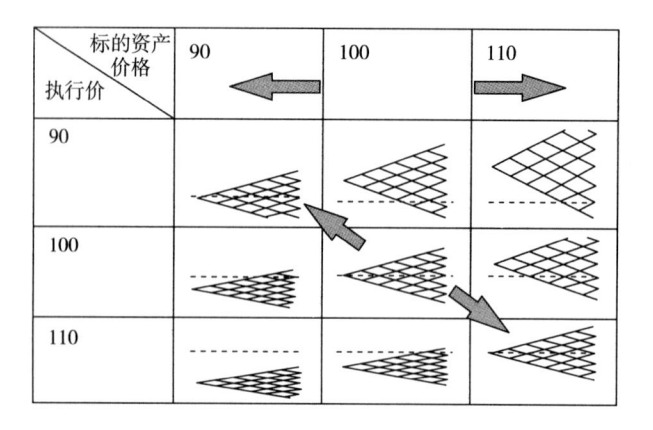

标的资产价格\执行价	90	100	110
90			
100			
110			

图 6-5　delta 黏性下资产价格变化的二叉树表示

资料来源：Derman E. Regimes of Volatility: Some Observations on the Variation of S&P 500 Implied Volatilities [R]. Goldman Sachs Working Paper, 1999.

为检验人民币对美元汇率波动率的行为特征，对期限为 1 个月的人民币对美元期权在不同时点的波动率、执行价、标的资产价格、在值期权波动率按上述两个方程进行回归，结果如表 6-3 所示。

表 6-3　期限为 1 个月的人民币对美元期权隐含波动率演化检验

模型	b(t) 项回归系数的 t 值
执行价黏性	4.5***
delta 黏性	11.78***

注：*、**、***分别表示在 10%、5%、1%的水平下显著。

两个模型下的回归系数都在 1%的水平下显著，说明人民币汇率期权波动率既有执行价黏性的特点，也有 delta 黏性的特点，比较二者的值，发现 delta 黏性模型的回归系数更显著，因此也可以认为，delta 黏性的特征更加显著，即波动率和期权的在值程度密切相关。

对结论的稳健性检验采用针对 6 个月期限和 12 个月期限的期权重复上述步骤，得到了相同的结论，并且期权期限越长，delta 黏性越显著（见表 6-4）。

表6-4 期限为6个月和12个月的人民币对美元期权隐含波动率演化检验

6个月		12个月	
模型	b(t)项的t值	模型	b(t)项回归系数的t值
执行价黏性	11.71***	执行价黏性	17.51***
delta黏性	18.41***	delta黏性	23.04***

注：*、**、***分别表示在10%、5%、1%的水平下显著。

四、外汇期权指标

（一）风险逆转指标与风险逆转期权组合

风险逆转指标（Risk Reversal）是外汇期权市场上预测未来汇率方向的最为简单易行的指标，计算方法为相同delta值的看涨期权隐含波动率减去看跌期权的隐含波动率：

$$rr_{delta} = (callvol - putvol \mid callvol = putvol) \tag{6.6}$$

风险逆转指标表示的是隐含波动率曲线的"偏斜"程度，即波动率曲线的左右两端是否对称，反映了市场对于汇率走势的预期。例如，1年期人民币对美元汇率风险逆转指标为正，代表市场更倾向于人民币的卖权和美元的买权，即预期人民币对美元在1年后贬值的可能性大。风险逆转指标值越大，该预期越强烈。

风险逆转指标的构建思想来源于风险逆转期权组合（Risk Reversal Options），指以不同的执行价购买看跌期权，同时出售看涨期权，或两者相反的一种期权策略。风险逆转期权组合通过牺牲一部分汇率变动导致盈利的可能性，将外汇风险锁定在一定的范围内，具有低成本的优点，选择合适的执行价，甚至可以实现零成本策略。

国家外汇管理局于2011年12月1日推出外汇看跌和外汇看涨两种风险逆转期权组合，要求组合内的看涨和看跌期权的币种、期限、本金相同。对于出口企业，主要需要规避外币贬值的风险，买入看跌期权可以实现这一目的。但是仅仅购买一份看跌期权成本过高，因此在买入执行价格较低（执行价格 K1）的看跌期权的同时，通过卖出执行价较高（执行价格 K2）的看涨期权来弥补购买看跌期权的成本。当两个期权的期权费相同时，可以实现策略零成本。看跌风险逆转期权组合的损益图和套期保值效果图如图 6-6 所示。

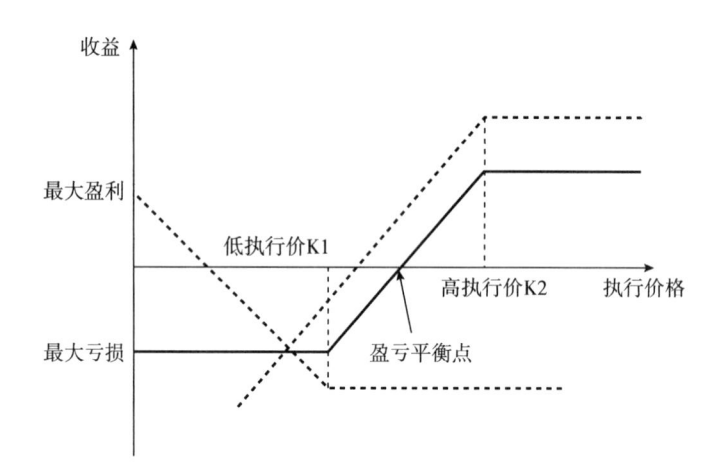

图 6-6 看跌风险逆转期权组合的损益图和套期保值效果图

外汇看涨风险逆转期权组合则相反，为卖出一个执行价格较低（执行价格 K1）的外汇看跌期权，同时买入一个执行价格较高（执行价格 K2）的外汇看涨期权。适用于需要规避外币升值的进口企业。看涨风险逆转期权组合的损益图和套期保值效果图如图 6-7 所示。

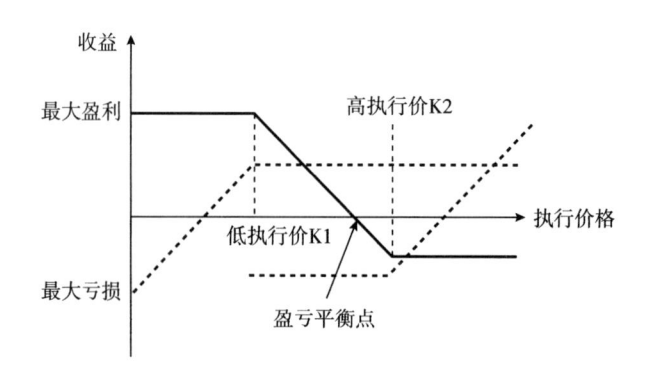

图 6-7 看涨风险逆转期权组合的损益图和套期保值效果图

（二）蝶式期权组合与蝶式指标

蝶式指标（Butterfly）的计算方法为，相同 delta 值的看涨期权波动率与看跌期权波动率均值减去平值期权波动率：

$$\text{bf}_{\text{delta}} = \left(\frac{(\text{callvol}+\text{putvol})}{2} - \text{atmvol} \mid \text{callvol} = \text{putvol} \right) \tag{6.7}$$

蝶式指标衡量的是隐含波动率曲线两端高、中间低的"微笑"程度，"微笑"越深，蝶式指标也就越大，表示投资者预期未来市场出现的波动越大。

蝶式指标概念来源于蝶式期权组合（Butterfly Options）。蝶式期权组合的特征是：标的资产价格在大幅波动与波动幅度很小时，收益有显著的不同。因此，投资组合是否盈利，与标的资产的波动率高度相关，而与标的资产的趋势性走向不相关。若投资者预期未来市场上会出现较高或较低的波动率，会通过蝶式期权组合来获利。蝶式指标也与市场参与者对未来的波动率预期密切相关。

蝶式期权组合有正向和反向两种，可以由看涨期权或看跌期权构成。看涨期权构成的正向蝶式期权组合由 1 份执行价较低（执行价格 K1）的看涨期权多头和执行价较高（执行价格 K3）的看涨期权多头、2 份执行价位于中间（执行价格 K2）的看涨期权空头组成，其损益图如图 6-8 所示。

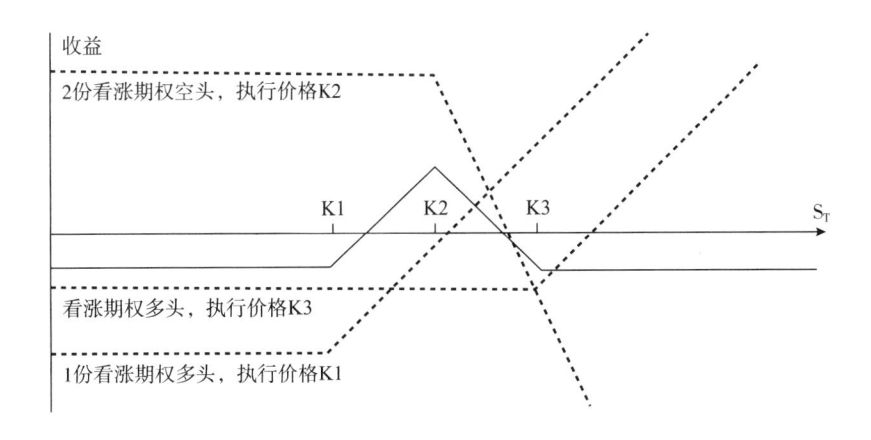

图 6-8 正向蝶式期权组合策略（看涨期权构成）

反向蝶式期权组合的方向相反，由 2 份执行价位于中间（执行价格 K2）的看涨期权多头、1 份执行价较低（执行价格 K1）的看涨期权空头、1 份执行价较高（执行价格 K3）的看涨期权空头组成。其损益图如图 6-9 所示。

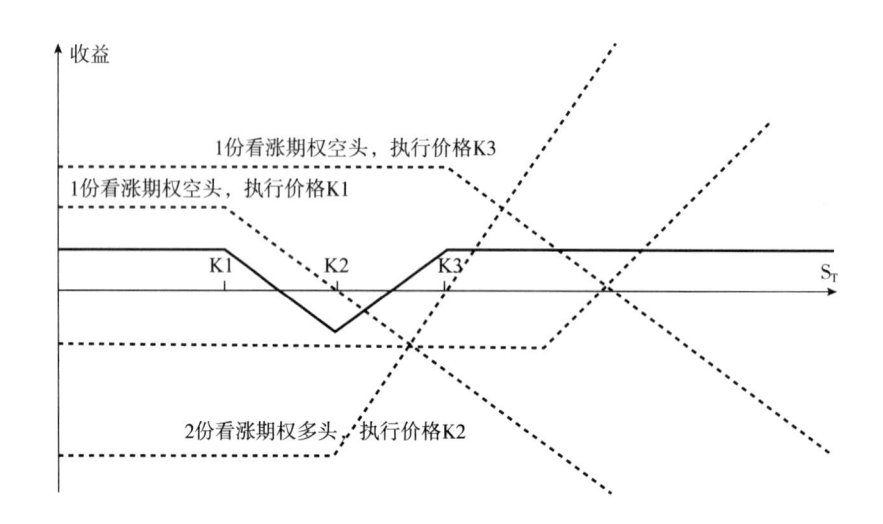

图 6-9　反向蝶式期权组合策略（看涨期权构成）

（三）从隐含波动率到汇率分布

至此，本章分析了风险逆转指标和汇率走势，以及蝶式指标和实现波动率走势之间的关系。但在满足一定的假设时，可以从外汇期权隐含波动率当中得到更多的信息。Breeden 和 Lizenberger（1978）证明了，若市场参与者为风险中性投资者，从某一执行价的外汇期权价格出发，可以推导出未来汇率达到该水平的概率，在所有执行价的期权都有报价时，可以推导出汇率分布的概率密度函数。Malz（1997）提出了估计汇率分布的方法，使用平值期权隐含波动率、风险逆转指标和蝶式指标三个变量，就可以推出隐含的汇率分布概率密度函数。这些方法需要满足投资者为风险中性这一前提，然而，这一假设在现实中是很难成立的。但 Rubinstein（1994）提出，即使投资者是风险厌恶的，对汇率分布的概率密度函数产生的影响也十分有限。基于以上理论，本书采用 Malz（1997）的估计方法，对人民币对美元汇率分布进行实证研究。

需要指出的是，相同执行价格的看涨看跌期权 delta 之间有如下固定关系：

$$calldelta = 1 + putdelta \tag{6.8}$$

如此，可实现执行价在看涨期权 delta 和看跌期权 delta 之间的转换，如

0.25D Call 和 0.75D Put 等价、0.1D Put 和 0.9D Call 等价等，这样处理实现了 delta 数值在（0，1）区间连续变化，方便后文的推导。

用 $\sigma_t^{(\delta)}$ 表示看涨期权 delta 为 δ 的期权的隐含波动率，各指标可写为：

$$atm_t = \sigma_t^{(0.5)} \tag{6.9}$$

$$rr_t = \sigma_t^{(0.25)} - \sigma_t^{(0.75)} \tag{6.10}$$

$$bf_t = \frac{(\sigma_t^{(0.25)} + \sigma_t^{(0.75)})}{2} - atm_t \tag{6.11}$$

易得：

$$\sigma_t^{(0.25)} = atm_t + bf_t + 0.5 rr_t \tag{6.12}$$

$$\sigma_t^{(0.75)} = atm_t + bf_t - 0.5 rr_t \tag{6.13}$$

Malz（1997）的一个重要假设是隐含波动率 $\sigma_t^{(\delta)}$ 可以表示为平值期权（$\delta = 0.5$）附近的二阶泰勒展开式：

$$\sigma_t^{(\delta)} = b_0 atm_t + b_1 rr_t (\delta - 0.5) + b_2 bf_t (\delta - 0.5)^2 \tag{6.14}$$

分别代入 $\delta = 0.5$、$\delta = 0.25$ 和 $\delta = 0.75$，可得（b_0，b_1，b_2）的取值为（1，-2，16）。

由 Black-Scloes 公式可得期权价格为：

$$\upsilon(S_t, \tau, K, \sigma, r, r^*) = e^{-r^*\tau} S_t \Phi\left(\frac{\ln(S_t/K) + \left(r - r^* + \frac{\sigma^2}{2}\right)\tau}{\sigma\sqrt{\tau}}\right) -$$

$$e^{-r\tau} K \Phi\left(\frac{\ln(S_t/K) + \left(r - r^* - \frac{\sigma^2}{2}\right)\tau}{\sigma\sqrt{\tau}}\right) \tag{6.15}$$

delta 值为期权价格对 S_t 的导数：

$$\delta_\upsilon(S_t, \tau, K, \sigma, r, r^*) = e^{-r^*\tau} \Phi\left(\frac{\ln(S_t/K) + \left(r - r^* + \frac{\sigma^2}{2}\right)\tau}{\sigma\sqrt{\tau}}\right) \tag{6.16}$$

其中，$\tau = T - t$ 为距离到期日剩余期限，r 为本币无风险利率，r^* 为外币无风险利率。

但是，由于我国资本项目尚未完全开放，人民币的长期漂移率并不满足利率平价理论下的 $r - r^*$，这里不能简单代入人民币无风险利率进行期权价格计算。引入人民币对美元汇率的远期价格 $F_{t,T}$，在风险中性的假设下，有 $F_{t,T} = S_t e^{(r-r^*)\tau}$，令 $Q = K/F_{t,T}$ 表示期权的在值程度，将 delta 改写为：

$$\delta_v(S_t, \tau, K, \sigma, r, r^*) = e^{(r-r^*)\tau}\frac{\partial v(F_{t,T}, \tau, K, \sigma, r, r^*)}{\partial F_{t,T}} = \delta_v(Q, \tau, \sigma, r^*)$$
(6.17)

用 $\sigma_Q(Q)$ 将隐含波动率表示为在值程度 Q 的函数：

$$\delta_v(Q, \tau, \sigma_Q(Q), r^*) = e^{-r^*\tau}\Phi\left(-\frac{\ln(Q) - \frac{\sigma_Q(Q,t)^2}{2}\tau}{\sigma_Q(Q,t)\sqrt{\tau}}\right)$$
(6.18)

代入上文平值期权附近的二阶泰勒展开式，有：

$$\sigma_Q(Q, t) = atm_t - 2rr_t\left[e^{-r^*\tau}\Phi\left(-\frac{\ln(Q) - \frac{\sigma_Q(Q,t)^2}{2}\tau}{\sigma_Q(Q,t)\sqrt{\tau}}\right) - 0.5\right] +$$

$$16bf_t\left[e^{-r^*\tau}\Phi\left(-\frac{\ln(Q) - \frac{\sigma_Q(Q,t)^2}{2}\tau}{\sigma_Q(Q,t)\sqrt{\tau}}\right) - 0.5\right]^2 \quad (6.19)$$

该式并没有解析解可以直接计算隐含波动率 $\sigma_Q(Q, t)$，实践中，可以采用数值方法寻找使等式成立的 $\hat{\sigma}_Q(Q, t)$，将计算结果代入期权价格的 Black-Scholes 公式：

$$\hat{v}(Q, t) = v(Q, \tau, \hat{\sigma}_Q(Q, t)) = \frac{e^{R\tau}}{F_{t,T}}v(S_t, \tau, K, \hat{\sigma}_K(K, t, T), r, r^*)$$

$$= \Phi\left(-\frac{\ln(Q) - \frac{\sigma_Q(Q,t)^2}{2}\tau}{\sigma_Q(Q,t)\sqrt{\tau}}\right) - Q\Phi\left(-\frac{\ln(Q) + \frac{\sigma_Q(Q,t)^2}{2}\tau}{\sigma_Q(Q,t)\sqrt{\tau}}\right)$$

(6.20)

期权价格对 Q 的一阶导数和二阶导数分别为风险中性测度下的汇率累计密度函数和概率密度函数：

$$\hat{\Pi}(Q, t) = 1 + \frac{\partial \hat{v}(Q,t)}{\partial Q} = 1 + \frac{\partial v(Q,\tau,\sigma)}{\partial \sigma}\frac{\partial \hat{\sigma}_Q(Q,t)}{\partial Q} + \frac{\partial v(Q,\tau,\sigma)}{\partial Q}$$
(6.21)

$$\hat{\pi}(Q, t) = \frac{\partial^2 \hat{v}(Q,t)}{\partial Q^2}$$
(6.22)

最终，概率密度的计算可通过将在值程度 Q 离散化（如 $Q \in [0.85, \cdots, 1, \cdots, 1.05]$），以 ΔQ 和 $\Delta \Pi$ 计算近似概率密度函数，当离散点个数趋于无穷大时，可认为与连续情形下的概率密度函数无差异。

五、外汇期权隐含波动率模型的历史区间预测及回测

对于汇率预测，国际金融界的态度普遍是：汇率是不能被准确预期的。美联储前主席格林斯潘曾说："据我所知，没有什么模型可以比抛硬币更有效地预测汇率的方向。"

影响汇率的市场因素和政策因素错综复杂且不断变化。对未来短期内人民币汇率点位的准确预期几乎不可能实现。但借助市场数据和历史经验，仍能帮助我们对短期汇率浮动的区间范围形成一定判断。

采取隐含期权波动率法对 2019—2021 年每年年初数据汇率区间进行预测。现回顾 2019—2021 年现实汇率走势，并与预测区间进行回测对比，以验证该预测模型的有效性。从 2019—2021 年预测区间来看，与实际区间大致吻合，除 2019 年 1 月美元指数走弱，预测区间对升值估计不足、有 0.02 的误差外，其他时间和期限的市场实际区间都完全位于预测区间内（见表 6-5 和图 6-10）。表明基于外汇期权隐含波动率，对未来短期汇率波动区间的预测具有较强的有效性。

表 6-5 2019—2021 年汇率区间与预测区间对比

	2019 年			
	1 月	1—3 月	1—6 月	1—12 月
期望	6.8759	6.8775	6.876	6.8751
中位数	6.8622	6.8392	6.8233	6.822
50%预测区间	6.80—6.93	6.72—6.99	6.61—7.08	6.53—7.15
90%预测区间	6.73—7.00	6.61—7.15	6.43—7.35	6.28—7.47
期末值	6.757	6.7191	6.8454	6.9617
实际区间	6.71—6.88	6.69—6.88	6.67—6.95	6.67—7.20

续表

2019 年				
区间误差 （90%预测区间）	0.29%	0	0	0

2020 年				
	1月	1—3月	1—6月	1—12月
期望	6.9711	6.9604	6.9893	7.0039
中位数	6.9492	6.9224	6.9337	6.9376
50%预测区间	6.89-7.01	6.82-7.05	6.76-7.14	6.65-7.27
90%预测区间	6.84-7.08	6.74-7.19	6.62-7.37	6.43-7.61
期末值	6.9249	7.0851	7.0795	6.5249
实际区间	6.86-6.97	6.86-7.11	6.86-7.13	6.52-7.13
区间误差 （90%预测区间）	0	0	0	0

2021 年				
	1月	1—3月	1—6月	1—12月
期望	6.4714	6.4964	6.5231	6.5573
中位数	6.4611	6.4767	6.4717	6.4729
50%预测区间	6.40-6.54	6.37-6.60	6.31-6.67	6.25-6.76
90%预测区间	6.33-6.61	6.25-6.77	6.17-6.94	6.07-7.13
期末值	6.4709	6.5713	6.4601	6.3757
实际区间	6.46-6.54	6.44-6.57	6.35-6.57	6.35-6.57
区间误差 （90%预测区间）	0	0	0	0

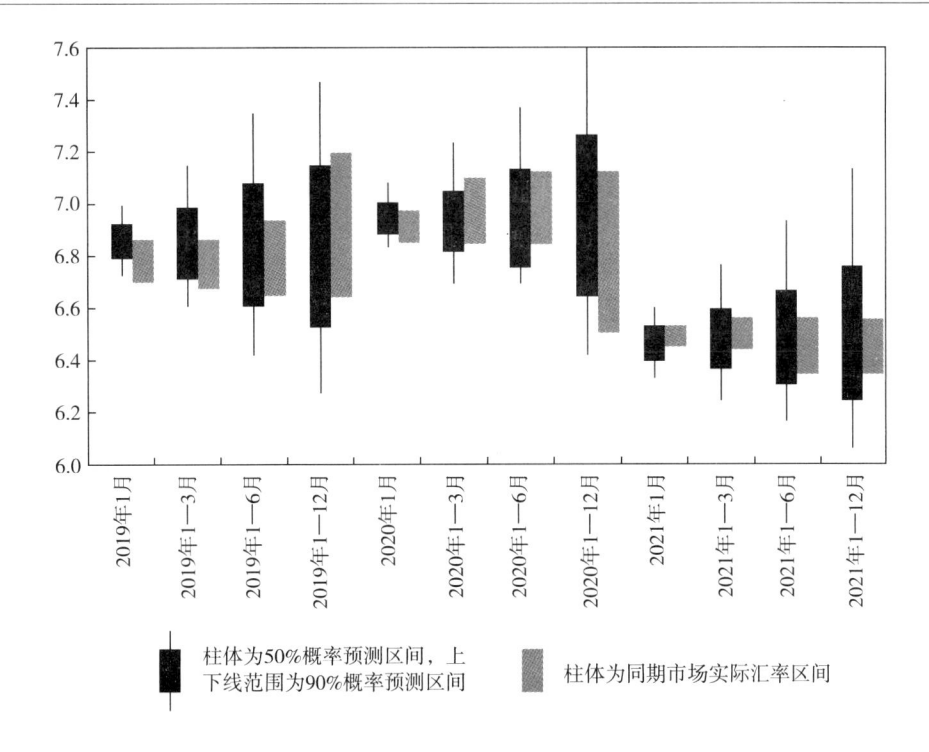

图 6-10 2019—2021 年汇率区间与预测区间对比

六、本章小结

本章试图从人民币对美元期权隐含波动率中寻找隐含的对未来汇率的预测信息。首先，通过引入风险逆转指标和蝶式指标，论证了风险逆转指标和汇率趋势之间的相关关系，以及蝶式指标对汇率的未来实现波动率的预测能力。其次，从外汇期权隐含波动率出发，通过数理模型推导了未来不同期限的汇率分布，且历史回测基本验证了该预测模型的合理性。

通过隐含波动率及相关指标，可以实现对汇率走势、波动的预期。未来，外汇期权在外汇风险避险保值中有望发挥更加重要的作用。合理运用各种金融衍生工具可以为企业、银行节约风险管理成本，提高风险管理效率。基于此，分别针对机构和监管部门提出如下建议：

对于银行、进出口企业等人民币对外汇期权交易主体，应重视外汇风险管理，重视对金融衍生产品的运用，充分发展和运用对外来汇率的预测信息选择适合的产品，规范交易，提高外汇风险管理效率。

对于监管部门，要建立合理有效的监管标准，加强相关部门的合规性检查。提高金融机构的交易效率，完善人民币外汇期权市场，适时推出新的人民币外汇期权组合产品，真正满足金融机构、企业的风险管理需求，以吸引更多投资者参与到人民币外汇期权的交易中来。在注重风险控制的基础上，做好人民币期权产品的宣传和推广，促进期权市场的发展。人民币对外汇期权市场的完善也能够促使人民币汇率形成机制更加均衡合理，从而加速人民币国际化的进程。

第七章　美联储货币政策对人民币的溢出影响

本章从梳理美联储历次货币政策正常化的历程和影响入手，探究了美联储货币政策变动对人民币汇率的溢出影响。参考已有研究，本章构建了考虑巴拉萨—萨缪尔森效应的 DSGE 模型，测算了人民币均衡汇率的时间路径，并分别模拟了美元利率变化和货币供应量变化的外部货币政策冲击的影响。

一、研究背景

美元是当今世界流通、支付及储备最为广泛的货币。根据环球银行金融电信协会（Society for Worldwide Interbank Financial Telecommunication，SWIFT）的数据，截至 2022 年末，美元占国际支付的比重达 41.89%，保持在全球的绝对领先地位，是全球流动性的主要供给者。美联储作为美国的中央银行，集美元发行、流通、管理职责于一身，其货币政策的变动对全球经济金融活动，特别是新兴经济体的经济金融活动具有广泛而深远的影响。

以美联储为代表的发达经济体央行在应对危机时，为了实现价格稳定、刺激经济复苏的目的，往往采用量化宽松及低利率货币政策。但低利率和量化宽松并非常规的货币政策手段，不仅限制了央行使用传统货币政策工具的空间，导致经济面临冲击时更加脆弱，也会影响金融机构的净利差，并因金融机构追求高收益而造成风险上升。因此，一旦经济复苏形势向好，逐渐回归货币政策正常化就是主要发达经济体央行的战略思路。

美联储货币政策正常化操作一般包括加息和缩表,二者都存在一定外溢影响,使全球货币市场流动性存在收紧可能,引发人民币跨境资金外流,从而对人民币均衡汇率带来冲击。

二、美联储货币政策回顾

(一) 美联储的加息周期较长

1. 1994年2月至1995年2月加息

20世纪90年代初,美国经济处于衰退状态。为了促进经济复苏,美联储将联邦基金目标利率从9%下调至3%并保持在较低水平。随着美国经济强劲复苏并保持较低的失业率,美联储开始担心经济过热可能导致通货膨胀飙升。于是,1994年2月,美联储宣布加息20BP,并在一年内累计加息300BP。这轮加息使得美国通货膨胀率下降,经济增长速度开始放缓,企业利润受到影响,美股市场也开始出现大幅回落并呈现震荡下行的趋势。在此加息周期内,美国三大股指的跌幅均超过了4%,但美债收益率大幅上升。

1994年,中国金融市场与全球市场关联程度较低,所以受到美联储加息对人民币汇率的影响较小。在这轮加息期间,人民币汇率上升,外汇储备也有所增加。

2. 1999年6月至2000年5月加息

20世纪90年代末,受亚洲金融危机等影响,美联储下调联邦基准利率。随后,美国经济迅速发展,通货膨胀一直处于上升状态,CPI超过了美联储制定的2%的政策目标。为此,1999年6月,美联储宣布收紧货币政策,开始加息。在接下来的11个月内,美联储共加息6次,累计加息175BP,美债收益率和美元指数都呈现震荡上升的趋势。在这轮加息周期内,中国资本市场对外开放程度有限,因此国际冲击对市场的影响较小。人民币汇率更多地受到国内经济发展和货币政策的影响。当时我国货币政策较为宽松,人民币对美元汇率稳定在8.277左右,因此美联储加息对我国的影响相对较小。

3. 2004年6月至2006年6月加息

2001—2003年，美联储连续13次降息，基准利率维持较低水平。为有效应对通胀抬头的风险，美联储于2004年6月宣布加息。在随后2年内共加息17次，每次加息25BP，累计加息425BP。加息周期内，美债收益率回落，而美元指数也并未随着美联储加息而走高，受到美国通胀值较高的影响，美元表现疲软。此轮加息虽然时间长、规模大，但并未吸引大规模资金流入美国，也未有效遏制房地产泡沫。此轮美联储加息期间的2005年，人民币汇率进行改革，人民币对美元汇率进入升值通道。

4. 2015年12月至2018年2月加息

2007年下半年，国际金融危机爆发。为支撑经济复苏，2007—2008年，美联储连续10次降息。2015年底开始，伴随经济复苏，欧债危机的影响逐渐缓解，美联储开始逐步退出非传统的货币政策，即通过允许持续温和的加息及对资产负债表进行合理调整。2015年12月，美联储首次加息，随后由于全球经济增长不稳定，且美国经济复苏仍存在不确定性，美联储对于加息仍持谨慎的态度，直到2016年12月，才开启了第二次加息。2017年以来，全球经济形势出现好转势头，美国核心通胀率逐步上升、劳动力市场持续改善，欧洲、日本及其他新兴经济体复苏动力也越发强劲，应对外部风险的冲击能力也有所提升。在这种背景下，美联储加快了货币政策正常化的进程：2017年3月、6月连续公布加息决议；12月，再次宣布加息决议。2018年，美国经济回暖，经济增速接近3%，美联储顺势进行了4次加息。本轮加息周期累计加息225BP，美元指数和美债收益率均呈现上涨走势，通胀压力得以释放。美联储的货币政策正常化进程很快在2019年初出现转折，受全球经济增速放缓、贸易保护主义等因素影响，美国经济下行压力增加，美联储提前结束其"加息"和"缩表"周期，进行了10年来首度降息和7年来首度扩表。2020年，新冠疫情在短期内蔓延全球，为遏制可能到来的经济衰退与市场危机，美联储于3月开启紧急降息，联邦基金利率目标降为0~0.25%，重现2008年金融危机期间的政策模式。此外，美联储还通过采取无限量、开放式的量化宽松措施，通过多种信贷便利机制向市场注入流动资金进行干预。本轮美联储的加息政策引发全球美元资本的回流，我国境内资本流出明显，人民币汇率显著承压。随着我国货币政策的调整和支撑，经济稳定增长，对金融市场提振信心，人民币汇率出现反弹。

5.2022年3月起加息

2021年下半年起,美国经济活动和劳动力市场持续恢复,通胀加快上涨,4月的FOMC会议纪要首次讨论缩减购债。在同年6月、9月和12月的FOMC会议中,美联储不断发出货币政策转向的信号,且逐渐激进。市场普遍预计,2022—2023年美联储将开展新一轮货币政策正常化。2022年1月,美联储对缩表的表述大幅超市场预期,缩表的时间预期从2023年提前到2022年下半年。2022年全年,为对抗通胀,美联储共加息7次,累计加息幅度达425BP,加息速度为近40年来最快。

伴随美联储加息,2022年3月以来,人民币汇率中间价整体呈现贬值态势,最低点超过7.3。虽然人民币汇率出现了较快的贬值,但仍属于正常波动的范围。目前,人民币汇率机制正不断完善,在双向波动已成为常态的情况下,汇率预期呈现非线性特征,人民币汇率保持双向波动的政策不会改变。

表7-1总结了美联储历次加息的基本情况。

表7-1 美联储历次加息基本情况

开启时间	结束时间	加息前利率	加息后利率	加息次数	加息背景
1994年2月	1995年2月	3.0%	6.0%	7次	美国经济强劲复苏,美联储担忧经济过热引发通胀大幅上涨
1999年6月	2000年5月	4.75%	6.5%	6次	受到东南亚金融危机等影响,美联储下调联邦基准利率。随后,美国经济快速发展,互联网经济泡沫等导致经济过热通胀持续攀升
2004年6月	2006年6月	1.0%	5.25%	17次	在长期低利率的背景下,刺激美国房价大幅上涨,房地产泡沫显现,通胀抬头
2015年12月	2018年12月	0~0.25%	2.25%~2.5%	9次	金融危机后量化宽松的货币政策提振了美国经济,但也导致美联储资产负债表短期内急剧膨胀。随着经济稳步复苏,美联储货币政策转向正常化
2022年3月	截至2023年7月	0~0.25%	4.75%~5%	11次	俄乌冲突等地缘政治风险加剧了能源短缺,美国出现严重通胀

(二) 美联储的缩表进程较为集中

1. 1999年缩表

20世纪90年代,美国经济增长势头良好、通胀稳定,但90年代末期,为抑制科技互联网过热,美联储开始加息和缩表。1999年12月底至2000年2月初,美联储资产规模从6689亿美元降至5807亿美元,降幅达到13%。本轮缩表只是将1999年第四季度非正常投放的短期流动性予以回收,实际缩表行为仅持续了一个月,2000年2—11月美联储资产规模维持在5800亿~6000亿美元窄幅波动。

2. 2017年缩表

自2008年国际金融危机后,美联储开启了3轮量化宽松政策(Quantitative Easing, QE),通过扩张资产负债规模,使其从0.9万亿美元增加至约4.5万亿美元,增幅达400%,持有的证券规模增长了近8倍。2017年缩表时,美联储资产规模处于历史巅峰,占GDP比例超过25%。此轮缩表,美联储进行了良好的预期管理,其主要经历了以下几个阶段:一是2013年12月起,美联储正式宣布缩减资产购买规模,此后美国10年期国债收益率出现了先升后降的态势。由于削减购债规模较小,因此美元指数并未发生大幅波动。整体而言,美元对人民币汇率波动较小,没有产生汇率波动的负面传导效应。二是从2014年10月开始,美联储停止了新增资产购买计划。此后,美元指数强势上升,从而导致人民币持续承压。2015年8月11日的汇率改革导致人民币汇率迅速下跌,国内资本外流加速,我国外汇储备下降。三是2017年10月,美联储开始实行减持证券资产的缩表计划。缩表初期,每月减持国债规模起点是60亿美元,每季度增加60亿美元,直至达到300亿美元的水平。在本阶段,美联储的总资产规模削减至3.8万亿美元左右,降幅达15%。在这轮缩表周期下,美联储加息幅度增大,美国10年期国债收益率随之上升。美元指数基本维持高位震荡,人民币双向波动弹性增强。

(三) 美联储的历次货币政策正常化对新兴市场的冲击

美联储的历次货币政策正常化对新兴市场均有一定程度的冲击,甚至成为金融危机的导火索。1980年8月起,为了应对刺激经济复苏而造成的高通货膨胀,美联储高频加息,将美国联邦基金目标利率从9.5%大幅提升至20%。受其影响,美元持续升值,墨西哥、巴西和阿根廷等拉美国家本币对美元汇率大幅贬值,经济逐步陷入困境，并于1982年起爆发债务危机。1994年2月至1995年2月，美联储连续加息7次，将联邦基金目标利率从3%提升至6%，伴随美联储加息和美元升值，以泰国、马来西亚和印度尼西亚为代表的亚洲新兴国家本币贬值压力不断积聚，经济陷入困境，并于1997年爆发亚洲金融危机。1999年6月至2001年1月，美联储连续加息6次，将联邦基金目标利率从4.75%提升至6.5%，在美元大幅升值的背景下，巴西和阿根廷因本币贬值压力过大，分别于1999年和2001年宣布放弃固定汇率制度，于1999年和2001年再次爆发债务危机。2003年下半年，美国经济强劲复苏，需求快速上升拉动通胀和核心通胀抬头，2004年美联储开始收紧政策，连续17次分别加息25BP，直至达到2006年6月的5.25%。此轮加息后，美国房地产泡沫被刺破，并最终引发国际金融危机。2013年5月，时任美联储主席的伯南克首次提及"美联储可能将缩减资产购买规模"。"缩减恐慌"随之迅速蔓延，美国十年期国债收益率由1.7%上行至2.7%，美元指数由81上涨至84。受利率水平快速上升影响，纳斯达克和标普500指数跌幅均超过4%。由于资金持续从新兴市场流出，主要新兴国家货币对美元汇率大跌。印度卢比、巴西亚雷尔、印尼盾、南非兰特以及土耳其里拉等货币对美元汇率跌幅均超过10%。

新兴经济体的高外债规模、恶化的经济预期、超出预期的政策变化都是美联储加息后引发市场动荡的导火索。一是外债规模过高为新兴经济体债务危机埋下隐患。历次危机爆发前，为了维持经济高速增长，新兴经济体均大幅借入外债。从1970年到拉美危机爆发前，拉美主要国家的外债水平从10%左右不断攀升，最终在危机前达到50%~65%。与拉美国家类似，在1992—1998年亚洲金融危机爆发前间，东南亚主要国家的外债水平从30%~70%大幅跃升至65%~170%。在经济高速发展时期，外债不会成为经济发展的负担，但一旦经济增速开始放缓，持续积累的外债将使新兴国家面临巨大偿债压力，为最终发生债务危机埋下隐患。二是全球经济不景气使得出口导向型的新兴经济体经济预期显著恶化。大部分新兴经济体是出口导向型经济体，伴随全球经济增速放缓，主要大宗商品价格大幅下挫，以资源出口为主的拉美国家的出口增速持续下跌。同时，全球需求下降也导致以制造业产品出口为主的东南亚国家的出口增速大幅下滑，受其下滑影响，新兴经济体的增长预期显著恶化。三是美元走强叠加国内经济预期变差，引发新兴经济体资本大量外流。伴随着美联储加息，美元持续走强，在本币贬值和经济预期恶化的共同作用下，新兴经济体的资本流出压力不断积聚。在资本大幅外流的背景下，短期内持续上升的偿债压力最终导致了新兴国家债务危机。1982年拉美危机、1997年亚洲金融危机、1999年巴西债务危机和2001年阿根廷债务危机均按此路径演化。

美元的霸权地位威胁着世界货币体系稳定和主权国家经济安全，越来越多的国家认识到应降低美元依赖，稳步增持黄金和其他替代货币。世界黄金协会数据显示，2021年各国央行黄金储备总计463吨，较2020年增长82%，全球央行黄金储备上升至近30年来的最高水平。

三、文献回顾

美联储货币政策的外溢影响不容忽视，国内学者对美联储加息对人民币的影响开展了大量实证研究。谭小芬（2016）认为，美联储加息将造成中国短期资本外流压力加大、人民币汇率贬值压力上升、金融风险加大、宏观调控难度增加等负面影响。肖卫国和兰晓梅（2017）研究了2008年11月至2017年3月美联储货币政策正常化对我国经济的溢出效应，结果表明，美联储加息、缩减资产负债规模通过资本流动渠道、汇率渠道以及利率渠道会产生显著影响。张虎（2018）通过Bayesian估计与量化分析后的结果表明，美联储加息后会对我国当期汇率产生影响，并拉高国内通货膨胀预期，抑制国内消费需求。但从远期来看，有利于促进我国经济宏观调控，完善我国人民币汇率内生性生成机制。徐滢（2020）利用TVP-VAR模型对美联储"数量型"和"价格型"货币政策对中国货币政策外溢性传导过程进行实证研究，发现资产负债表等"数量型"工具对中国货币政策的外溢性要强于联邦基金利率的"价格型"工具，且随着美联储资产负债表收缩，外溢效应进一步加强。

关于均衡汇率路径的研究，近二十年来汇率动态学研究比较具有代表性的是，Obstfeld 和 Rogoff（1995）在微观分析基础上建立了一个动态的、不完全预期的两国模型，为解决汇率变化提供了一个新的分析框架，指出货币政策冲击是影响汇率变动的因素之一，但是其建立在不存在贸易障碍和成本、开放经济体假设的基础上，而目前我国尚不能完全满足这一前提条件，这就要求我们要在研究模式和方法上针对具体国情和实际情况进行调整。

为了研究外部货币政策对人民币均衡汇率的影响，本章参考 Obstfeld 和 Rogoff（1995）的标准模型，并在此基础上加以改进，引入参数来度量巴萨效应纠正"一价定律"误差，在此基础上，建立 DSGE 模型刻画均衡汇率路径，并研究了外部货币政策冲击下，均衡汇率的动态变化。

四、构建 DSGE 模型刻画人民币均衡汇率路径

（一）模型设定

假设世界经济由本国和外国组成，每个国家都由连续的经济人组成，世界总人口标准化为1，在世界上按 [0, 1] 连续分布，其中 [0, n) 区间的分布在本国，其余的 (n, 1] 居住在国外。每个经济人既是消费最终产品的家庭，也是生产异质性产品的垄断竞争厂商，生产的商品用 z∈ [0, 1] 表示，t 时期的产出为 $y_t(z)$，每个家庭同时消费本国商品和进口外国商品，所有商品均为可贸易品。令 c (z) 表示一个家庭对商品 z 的消费量，决定效用的消费指数可写为以下形式：

$$C = \left[\int_0^1 c(z)^{\frac{\theta-1}{\theta}} dz\right]^{\frac{\theta}{\theta-1}} \tag{7.1}$$

其中，θ 为垄断竞争厂商所面临的需求弹性价格，θ>1。用带星号的指标表示国外对应变量，国外消费指数有类似的形式：

$$C^* = \left[\int_0^1 c^*(z)^{\frac{\theta-1}{\theta}} dz\right]^{\frac{\theta}{\theta-1}} \tag{7.2}$$

当国家间贸易不存在障碍和交易成本时，由于国内外居民消费偏好相同，商品价格应满足"一价定律"。令 S 表示名义汇率，p (z) 是本国货币标价的商品 z 价格，p^* (z) 是外国货币标价的商品 z 的价格，应有：

$$p_t(z) = S_t p_t^*(z) \tag{7.3}$$

"一价定律"并不适用于中国这类与发达经济体有较大劳动生产率差异的新兴市场经济体，因此引入巴萨效应以纠正"一价定律"误差：

$$p_t(z) = K_t S_t p_t^*(z) \tag{7.4}$$

在中国经济高速发展的时期，由于中国农村存在大量富余劳动力为贸易品部门扩展提供无限的劳动力供给，抑制了非贸易品部门工资上升、物价总水平上升以及实际汇率升值，因此巴萨效应似乎并不明显。但随着"刘易斯拐点"的到来，富余劳动力逐步减少，人口红利逐渐消失，巴萨效应开始发挥作用，非贸易品部门工资水平开始上涨，人民币实际汇率开始升值。

对于巴萨效应是否在中国适用，学术界存在着一些争议，但本书认为我国经济发展的趋势本质上符合该效应结论。虽然我国面临内部下行压力和外部不确定性的冲击，但经济长期向好趋势并未改变，以制造业为代表的可贸易品部门劳动生产率的提高是我国经济保持增长的重要动力。特别是疫情发生以来，制造业的复苏对经济增长发挥了强大的稳定器作用。在我国逐步成为世界制造业中心的过程中，制造业劳动生产率相对于服务业劳动生产率将快速增长，使得可贸易品部门的劳动生产率相对高于国内非贸易品部门和国外可贸易品部门。人口结构及劳动力供求关系变动将使工资增速进一步提升，人民币实际汇率必然存在升值压力，这在本质上符合巴萨效应原理。

观察近年来中国主要非贸易部门（如建筑业、房地产业、保险业等）的工资变化，可以发现从2001年开始，中国非贸易品部门工资开始明显增长，且非贸易品部门工资涨幅与贸易品部门工资涨幅相当。因此，对1996年后的名义汇率数据利用中美劳动生产率的差异进行调整：

$$\hat{K}_t = 0.5\hat{Y}_t^{USD} - 0.2\hat{Y}_t^{CNY} \tag{7.5}$$

其中，$\hat{Y}_t^{USD}$ 和 $\hat{Y}_t^{CNY}$ 分别为中国及美国的劳动生产率（以 GDP 增速表示），系数 0.2 和 0.5 的设定是考虑近年来在中国的 GDP 中工资占比约为 15%~20%，而在美国，劳动者报酬在 GDP 中占比为 50%~60%。

本国价格为：

$$P = \left[\int_0^1 p(z)^{1-\theta} dz\right]^{\frac{1}{1-\theta}} = \left[\int_0^n p(z)^{1-\theta} dz + \int_n^1 [KSp^*(z)]^{1-\theta} dz\right]^{\frac{1}{1-\theta}} \tag{7.6}$$

各国居民消费偏好相同，由式（7.4）、式（7.6）可推出：$P = KSP^*$。

代表性家庭会最大化其效用函数。假设效用与消费、实际货币余额和劳动相关，在 t 时刻，家庭的效用函数为：

$$U_t = \sum_{s=t}^{\infty} \beta^{s-t} \left[\log C_s + \frac{\chi}{1-\omega}\left(\frac{m_s}{P_s}\right)^{1-\omega} - \frac{\kappa}{2}(y_s)^2\right] \tag{7.7}$$

其中，β 为时间折现因子，$0<\beta<1$；m_t 为家庭持有的名义货币余额；家庭产

出 y_t 与 t 时期的劳动投入成正比；ω 为货币余额需求风险规避系数，0<ω<1；χ 和 κ 为参数。

从消费最大化角度，可得到本国家庭在 t 时刻对产品 z 的需求函数如下：

$$c_t(z) = \left[\frac{p_t(z)}{P_t}\right]^{-\theta} C_t \tag{7.8}$$

产品 z 在 t 时刻面对的全球需求曲线为：

$$y_t(z) = \left[\frac{p_t(z)}{P_t}\right]^{-\theta} C_t^W \tag{7.9}$$

其中，$C_t^W = nC_t + (1-n)C_t^*$。

假设存在分割的资本市场。r_t 表示本国资产在 t 期到 t+1 期之间的实际收益率，F_t 表示 t 期末本国的资产存量。家庭有两个收入来源，即劳动产品和资产收益。一国居民的效用仅仅取决于本国货币，与国外货币无关。因此，代表性家庭在 t 时刻的预算约束为：

$$P_t F_t + m_t + P_t C_t = P_t(1+r_{t-1})F_{t-1} + p_t(i)y_t(i) \tag{7.10}$$

定义货币在 t 时刻的名义利率为 i_t。通过下面的真实利率平价，可以将名义利率与实际收益率联系起来：

$$1+i_t = \frac{P_{t+1}}{P_t}(1+r_t) \tag{7.11}$$

$$1+i_t^* = \frac{P_{t+1}^*}{P_t^*}(1+r_t^*) \tag{7.12}$$

货币政策方面，假定本国和外国都采用泰勒规则对名义利率进行调整：

$$\ln\frac{i_t}{i_{ss}} = \rho_i \ln\frac{i_{t-1}}{i_{ss}} + \rho_y \ln\frac{y_{t-1}}{y_{ss}} + \rho_\pi \ln\frac{\pi_{t-1}}{\pi_{ss}} + \varepsilon_t^i, \quad \varepsilon_t^i \sim N(0, \sigma_i^2) \tag{7.13}$$

$$\ln\frac{i_t^*}{i_{ss}^*} = \rho_i^* \ln\frac{i_{t-1}^*}{i_{ss}^*} + \rho_y^* \ln\frac{y_{t-1}^*}{y_{ss}^*} + \rho_\pi^* \ln\frac{\pi_{t-1}^*}{\pi_{ss}^*} + \varepsilon_t^{i*}, \quad \varepsilon_t^{i*} \sim N(0, \sigma_{i^*}^2) \tag{7.14}$$

其中，π 为通货膨胀率，$\pi_t = \frac{P_t}{P_{t-1}}$。

假设货币供应量的变化满足 AR(1) 过程，即货币政策冲击可以通过货币供应量表现，表现为实际的名义货币余额的变化是对偏离稳态水平的回复与随机扰动之和，则货币供应量 M_t 满足：

$$\ln\frac{M_t}{M_{ss}} = \rho_M \ln\frac{M_{t-1}}{M_{ss}} + \varepsilon_t^M, \quad \varepsilon_t^M \sim N(0, \sigma_M^2) \tag{7.15}$$

（二）家庭最优化选择

家庭通过选择消费路径与劳动路径以最大化终生的期望效用贴现和，即：

$$\max_{C_s, m_s, y_s} = \left\{ \sum_{s=t}^{\infty} \beta^{s-t} \left[\log C_s + \frac{\chi}{1-\omega} \left(\frac{m_s}{P_s}\right)^{1-\omega} - \frac{\kappa}{2}(y_s)^2 \right] \right\} \tag{7.16}$$

s.t. $P_t F_t + m_t + P_t C_t = P_t (1+r_{t-1}) F_{t-1} + p_t y_t$

根据式（7.10），可以消去 P_t。将总需求 C_t^W 视作给定变量，可得到本国和外国家庭最大化终生效用的一阶条件如下：

$$C_{t+1} = \beta (1+r_t) C_t \tag{7.17}$$

$$C_{t+1}^* = \beta (1+r_t^*) C_t^* \tag{7.18}$$

$$\frac{m_t}{p_t} = \left[\chi \left(\frac{1+i_t}{i_t}\right) C_t \right]^{\frac{1}{\omega}} \tag{7.19}$$

$$\frac{m_t^*}{p_t^*} = \left[\chi \left(\frac{1+i_t^*}{i_t^*}\right) C_t^* \right]^{\frac{1}{\omega}} \tag{7.20}$$

$$y_t^{\frac{\theta+1}{\theta}} = \left(\frac{\theta-1}{\kappa\theta}\right) C_t^{-1} (C_t^W)^{\frac{1}{\theta}} \tag{7.21}$$

$$(y_t^*)^{\frac{\theta+1}{\theta}} = \left(\frac{\theta-1}{\kappa\theta}\right) (C_t^*)^{-1} (C_t^W)^{\frac{1}{\theta}} \tag{7.22}$$

式（7.17）、式（7.18）为消费的欧拉方程，式（7.19）、式（7.20）反映了实际货币余额需求与消费的关系，式（7.21）、式（7.22）为劳动-休闲平衡方程，即单位劳动的边际成本等于劳动生产出产品收入的边际效用。

（三）对数线性化

为了进一步分析均衡汇率的决定以及货币政策冲击对均衡汇率的影响，对模型进行对数线性化处理。根据对数线性化处理的一般方法，定义 $\hat{X}_t = \log X_t - \log X_{ss}$，其中，$X_{ss}$ 表示稳态点。

对购买力平价公式（7.4）的对数线性化结果为：

$$\hat{S}_t = \hat{P}_t - \hat{P}_t^* - \hat{K}_t \tag{7.23}$$

消费的欧拉方程式（7.17）、式（7.18）的对数线性化结果为：

$$\hat{C}_t = \hat{C}_{t-1} + (1-\beta) \hat{r}_{t-1} \tag{7.24}$$

$$\hat{C}_t^* = \hat{C}_{t-1}^* + (1-\beta) \hat{r}_{t-1}^* \tag{7.25}$$

实际货币余额需求与消费的关系式（7.19）、式（7.20）经过对数线性化处理为：

$$\hat{m}_t - \hat{P}_t = \frac{1}{\omega}\hat{C}_t - \frac{\beta}{\omega}\left(\hat{r}_t + \frac{\hat{P}_{t+1} - \hat{P}_t}{1-\beta}\right) \tag{7.26}$$

$$\hat{m}_t^* - \hat{P}_t^* = \frac{1}{\omega}\hat{C}_t^* - \frac{\beta}{\omega}\left(\hat{r}_t^* + \frac{\hat{P}_{t+1}^* - \hat{P}_t^*}{1-\beta}\right) \tag{7.27}$$

劳动-休闲平衡方程式（7.21）、式（7.22）对数线性化结果为：

$$(1+\theta)\hat{y}_t = -\theta\hat{C}_t + \hat{C}_t^W \tag{7.28}$$

$$(1+\theta)\hat{y}_t^* = -\theta\hat{C}_t^* + \hat{C}_t^W \tag{7.29}$$

其中，$\hat{C}_t^W = n\hat{C}_t + (1-n)\hat{C}_t^*$。

这样就得到了国内与国外经济体的一般均衡方程组。其中，国内的一般均衡可由式（7.24）、式（7.26）和式（7.28）描述，国外的一般均衡则由式（7.25）、式（7.27）和式（7.29）描述。根据式（7.26）和式（7.27），可以得到均衡汇率 $\hat{S}_{t+1}^e$ 的决定方程：

$$\hat{S}_{t+1}^e = \hat{P}_{t+1} - \hat{P}_{t+1}^* = \left(1 + \frac{\omega(1-\beta)}{\beta}\right)(\hat{P}_t - \hat{P}_t^*) - (1-\beta)(\hat{r}_t - \hat{r}_t^*) + \frac{(1-\beta)}{\beta}(\hat{C}_t - \hat{C}_t^*) - \frac{\omega(1-\beta)}{\beta}(\hat{m}_t - \hat{m}_t^*) \tag{7.30}$$

这里，均衡汇率的决定仍采用"一价定律"。因此，想要和人民币实际有效汇率进行直接对比，需要用巴萨效应进行调整，即 $\hat{S}_t^e - \hat{K}_t$ 与 $\hat{S}_t$ 之间进行对比。

真实利率平价方程式（7.11）、式（7.12）的对数线性化结果为：

$$\hat{i}_t = \frac{\hat{P}_{t+1} - \hat{P}_t}{1-\beta} + \hat{r}_t \tag{7.31}$$

$$\hat{i}_t^* = \frac{\hat{P}_{t+1}^* - \hat{P}_t^*}{1-\beta} + \hat{r}_t^* \tag{7.32}$$

货币政策方程式（7.13）、式（7.14）的对数线性化结果为：

$$\hat{i}_t = \rho_i \hat{i}_{t-1} + \rho_y \hat{y}_{t-1} + \varepsilon_t^i, \quad \varepsilon_t^i \sim N(0, \sigma_i^2) \tag{7.33}$$

$$\hat{i}_t^* = \rho_{i^*} \hat{i}_{t-1}^* + \rho_{y^*} \hat{y}_{t-1}^* + \varepsilon_t^{i^*}, \quad \varepsilon_t^{i^*} \sim N(0, \sigma_{i^*}^2) \tag{7.34}$$

最后是货币余额冲击方程式（7.15）的对数线性化结果：

$$\hat{m}_t = \rho_m \hat{m}_{t-1} + \varepsilon_t^m, \quad \varepsilon_t^m \sim N(0, \sigma_m^2) \tag{7.35}$$

（四）计算均衡汇率的回归模型

在理论研究的基础上，针对国内和国外两个经济体分别对两组均衡方程组进行回归估计。其中，国内待估计均衡方程组为：

$$\begin{cases} \hat{C}_t = \hat{C}_{t-1} + (1-\beta)\hat{r}_{t-1} \\ \hat{m}_t - \hat{P}_t = \frac{1}{\omega}\hat{C}_t - \frac{\beta}{\omega}\left(\hat{r}_t + \frac{\hat{P}_{t+1} - \hat{P}_t}{1-\beta}\right) \\ (1+\theta)\hat{y}_t = -\theta\hat{C}_t + \hat{C}_t^W \end{cases} \quad (7.36)$$

为进行实证检验，可以将上式转换为：

$$\begin{cases} \tilde{C}_t - \tilde{C}_{t-1} = \alpha_{1,0} + \alpha_{1,1}\tilde{r}_{t-1} + \eta_{t,1} \\ \tilde{M}_t - \tilde{P}_t = \alpha_{2,0} + \alpha_{2,1}\tilde{C}_t + \alpha_{2,2}\tilde{r}_t + \alpha_{2,3}(\tilde{P}_{t+1} - \tilde{P}_t) + \eta_{t,2} \\ \tilde{Y}_t = \alpha_{3,0} + \alpha_{3,1}\tilde{C}_t + \alpha_{3,2}\tilde{C}_t^W + \eta_{t,3} \end{cases} \quad (7.37)$$

其中，"~"上标代表变量的对数值。国外的均衡方程组和待估计方程组是类似的。在得到估计结果后，可利用估计方程和变量的HP滤波值得到国内外价格的均衡值。这样，根据式（7.30）的思路，可以计算得到人民币均衡汇率水平。参数校准的结果参考式（7.37）的回归结果及部分研究国内宏观经济的DSGE模型（刘斌，2021）。

五、人民币均衡汇率路径测算

（一）数据来源

根据式（7.30）计算均衡数据需中美两国的货币供应量、基准利率、消费、通胀数据。选择数据频度为季度；货币供应量数据选择M2；人民币基准利率选择1年期贷款基准利率，美元基准利率选择联邦基金利率；国内消费选择社会零售品消费总额，美国消费选择个人消费支出；通胀选择当季月度CPI的均值。货币供应量和消费数据均经过季节调整和不变价处理。数据来源均为Wind金融数据库。

(二) 均衡汇率路径

根据式 (7.37) 的回归结果，将货币供应量、消费、实际利率等变量的滤波值代入，可以得到 P_{t+1} 和 P_{t+1}^* 的长期均衡值，以 1995 年底为基准，即该时点名义汇率定义为 100，利用式 (7.30) 计算出均衡汇率的时间路径。将均衡汇率时间序列与名义汇率、实际汇率时间序列进行对比。其中，实际汇率为经过通胀调整的名义汇率，如图 7-1 所示。

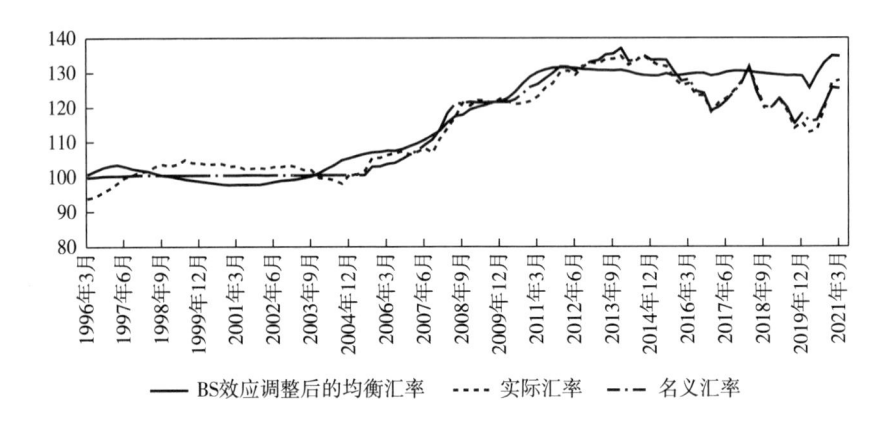

图 7-1 人民币 BS 效应调整后的均衡汇率、名义汇率和实际汇率时间序列①

测算结果显示：近 20 年来人民币汇率基本围绕均衡汇率小幅波动。1996—1999 年，人民币汇率被低估。2000—2003 年，人民币均衡汇率低于实际有效汇率，其中 2001 年达到最低点，"9·11" 事件后美联储的大幅降息使得人民币均衡汇率转向上升通道。2004 年起，人民币均衡汇率开始加速升值，但是名义汇率仍保持钉住美元，造成了一定程度的汇率失调。2005 年 "7·21" 汇改后，人民币升值使得汇率失调幅度显著收窄。2008—2009 年，由于欧美等国家受到国际金融危机的冲击，人民币主动收窄汇率波动区间，并保持了相对稳定的趋势。自 2010 年起，人民币再次进入升值通道，逐步缩小与均衡汇率的差距，但升值过快导致人民币从 2013 年起被小幅高估。此后，人民币均衡汇率保持在相对稳

---

① BS 效应调整后的均衡汇率为 $S_t^e - K_t$，名义汇率为 S_t，实际汇率为 $S_t \times \dfrac{P_t^*}{P_t}$。

定的水平。2014年3月17日汇改将人民币对美元浮动区间由1%扩大至2%，之后人民币由单边升值转为双向波动，说明人民币汇率的市场化不断提高。2015年，人民币汇率的一轮贬值使得人民币从被高估转变为被低估，在均衡汇率稳定、人民币不具备贬值基础的情形下，市场情绪的顺周期波动放大了人民币的贬值幅度，2017年适时引入的逆周期因子起到了引导人民币汇率逐渐趋向均衡汇率的作用。但2018年起，受中美贸易摩擦等因素影响，人民币汇率再次进入贬值通道，且市场出现了一些顺周期、非理性因素，导致人民币在均衡汇率并未大幅变动的情况下，名义汇率贬值较快，相较于均衡汇率处于被低估状态。2020年至2021年上半年，随着中国经济率先在全球经济体中实现复苏，人民币均衡汇率与名义汇率双双开始升值，名义汇率逐渐向均衡汇率靠近，但相较于均衡汇率仍处于被小幅低估的状态。

六、美联储货币政策冲击的影响

为研究美联储货币政策冲击的影响，可对模型施加一些外部冲击进行政策模拟。对外币利率扰动项施加正向冲击，可以模拟美联储加息的情景；对外国货币供应量施加负向冲击，可以模拟美联储缩表的情景。施加冲击后，得到各经济变量对外部冲击的动态响应曲线，横轴表示冲击后的滞后期数。本章采用季度数据进行校准，因此滞后期数的单位为季度。

图7-2为美元名义利率正向冲击的影响，图7-3为美元货币供应量负向冲击的影响。从模拟结果可以看出，美元加息会使人民币名义汇率和均衡汇率在短期内贬值，随后逐渐升值回升至初始水平。预期每加息0.25BP，人民币汇率将贬值0.25%；人民币实际利率随美元加息小幅上升，在第二季度达到高点，之后缓慢回归。美元货币供给量减小也会使得人民币名义汇率和均衡汇率短期内贬值，但是贬值幅度较小，按照2017—2019年缩表规模约8000亿美元计算，人民币汇率仅贬值0.22%且迅速向稳态水平恢复。美元货币供应量的减小使其产出有一定程度的下降，因此人民币汇率随后出现小幅升值，表明汇率超调现象存在。人民币实际利率受到影响，也在短期内上升，但较快回落，从而验证了美元货币供应量减小确实会对人民币名义汇率和均衡汇率造成贬值压力，但相对名义利率正向

冲击，其影响幅度明显更小，影响的期限也更短。

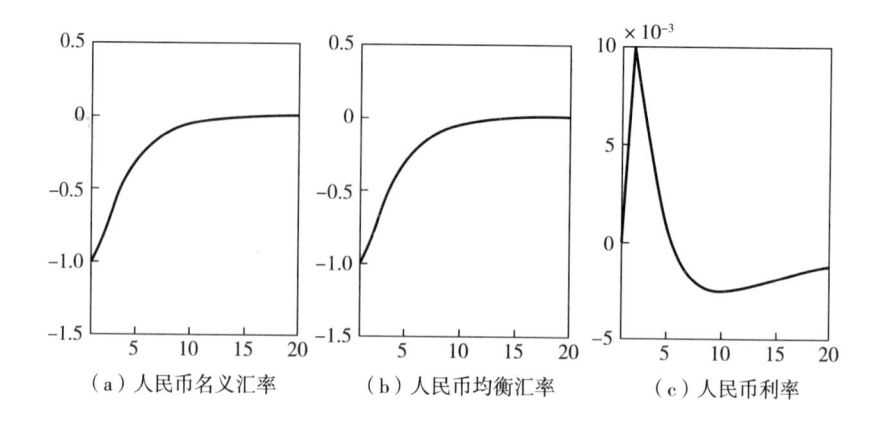

（a）人民币名义汇率　　（b）人民币均衡汇率　　（c）人民币利率

图 7-2　美元名义利率的正向冲击

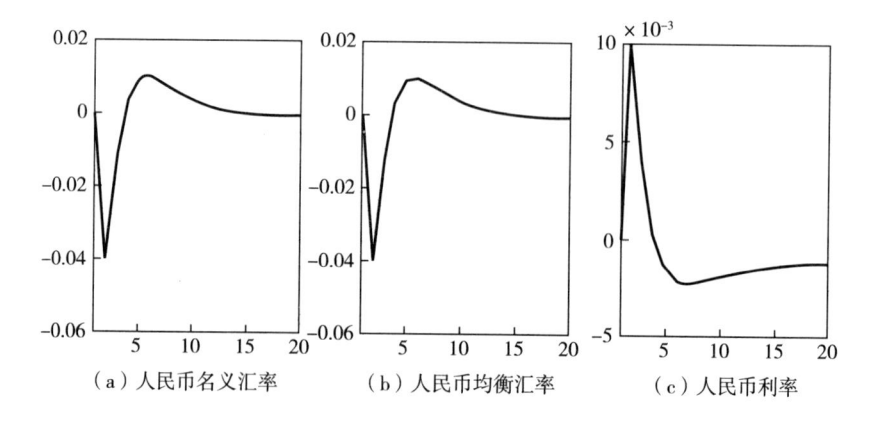

（a）人民币名义汇率　　（b）人民币均衡汇率　　（c）人民币利率

图 7-3　美元货币供应量的负向冲击

表 7-2 为两种冲击各期限影响幅度的详细数值。可以看出，虽然来自美元的货币政策冲击对名义汇率和均衡汇率的影响是同向的，表明名义汇率不会因外部冲击而大幅偏离均衡汇率，但无论是美元加息冲击，还是美元货币供应量减少的冲击，对均衡汇率的影响都会比对名义汇率的影响更加显著。

表 7-2 人民币对美元货币政策冲击的影响

滞后期数	美元利率正向冲击对人民币的影响			美元货币供应量负向冲击对人民币的影响		
	名义汇率	均衡汇率	利率	名义汇率	均衡汇率	利率
1	-1	-1	0	1.04E-16	2.40E-16	0
2	-0.8398	-0.8409	0.0099	-0.0399	-0.0400	0.0100
3	-0.6142	-0.6165	0.0069	-0.0133	-0.0134	0.0039
4	-0.4378	-0.4408	0.0033	0.0032	0.0032	0.0002
5	-0.3098	-0.3133	0.0009	0.0092	0.0093	-0.0015
6	-0.2181	-0.2220	-0.0007	0.0100	0.0100	-0.0021
7	-0.1525	-0.1568	-0.0017	0.0087	0.0087	-0.0022
8	-0.1058	-0.1101	-0.0021	0.0068	0.0069	-0.0022
9	-0.0723	-0.0769	-0.0024	0.0050	0.0051	-0.0021
10	-0.0484	-0.0530	-0.0025	0.0036	0.0036	-0.0019

从2017年美联储加息和缩表的实际情况来看，美联储货币政策正常化导致美国市场流动性趋紧，但国际市场对美联储退出非正常货币政策进程已经有了一定的预期，国内金融市场的反应亦比较平静，对人民币的影响有限，这与模型分析预期一致。市场利率波动受到经济基本面以及加息的小幅影响，但人民币汇率方面贬值压力不大，虽然短期可能受到部分因素干扰而导致双向波动，或有所偏离均衡汇率，但在中长期是由经济基本面决定的，因此人民币汇率前景根本上取决于中国经济改革转型前景。

七、本章小结

本章从对当前经济形势的分析和基于巴拉萨—萨缪尔森效应的DSGE模型的实证研究，测算了均衡汇率的时间路径，并分别模拟了利率变化和货币供应量变化的外部货币政策冲击，认为人民币汇率基本处于均衡水平。从外部货币政策冲击结果看，美联储加息及缩表均会对人民币汇率造成一定的贬值压力，但影响程度较小：每加息25BP，便会使人民币名义汇率和均衡汇率贬值0.25%；货币供给量减小 8000 亿美元，会使人民币名义汇率和均衡汇率短期内贬值 0.22%。对名义汇率的影响小于对均衡汇率的影响。

值得注意的是，美国和中国的经济依存度较高，双边投资规模较大，美联储货币政策外溢影响仍值得关注。另外，金融市场实际是由预期主导的，而市场预期对未来事件也会产生一定的影响，可能导致名义汇率偏离经济基本面决定的均衡汇率。在应对美联储货币政策冲击、维持人民币外汇市场稳定方面，可关注以下方面：

第一，加强对市场预期的引导。当前我国外汇市场可能仍存在一定的顺周期性，容易受到非理性预期的惯性驱使，进而导致市场供求出现一定程度的"失真"，增大市场汇率与基本面偏离的风险。建议：一是引导市场参与者充分意识到保持汇率合理均衡水平上的基本稳定并不意味着汇率将是固定不变的，未来人民币汇率不再会出现以往年度持续的、单向的大幅升贬值，有升有贬的双向波动将会"常态化"。二是引导市场对美联储货币政策正常化形成合理预期，降低美联储加息或者缩表对人民币汇率带来的冲击。

第二，进一步发展外汇市场。通过增加外汇交易主体、丰富外汇交易产品、放松交易限制来释放外汇市场的活力。这既有利于增强人民币的持有信心和国际接受性、提升人民币资产的吸引力，亦有利于确立市场机构在外汇交易、价格发现中的主体地位，降低外部冲击对人民币汇率水平的影响，保持人民币汇率在合理均衡的水平上基本稳定。

第三，密切关注外部形势，加强监测预警。我国经济金融体系已经全球化，开放宏观格局下其他经济体的宏观政策和系统性金融风险都可能向国内传导，美元走强以及主要经济体宏观政策分化将进一步加剧外部环境的复杂性和不确定性。需密切关注外部经济形势变化与风险因素，并充分考虑对国内的影响，采取更加灵活的政策和措施来应对。建议在完善汇率形成机制改革的过程中，建立针对汇率波动的包括危机预警、处理、退出等内容的逆周期管理框架，熨平汇率大幅波动的风险。

第八章　跨境资本流动、外汇市场压力及预警

本章阐述了经济金融因素影响新兴经济体中长期跨境资本流动经济的相关理论。在理论分析的基础上，基于新兴经济体面板数据，以 Probit 面板模型研究了影响跨境资本流动的因素，并构建了跨境资本流出风险预警系统，评估了我国跨境资本流动及外汇市场压力的影响。

一、研究背景

20 世纪 80 年代以来，部分新兴经济体推进资本开放，吸引外商投资，跨境资本流入提高了其经济增速，但在 2008 年国际金融危机期间，跨境资本大幅流出也对部分新兴经济体造成了巨大的冲击，加剧了其经济衰退。跨境资本流动与风险的关系越来越成为学术界关注的重要问题。

近年来，我国不断推进对外开放，跨境资本流动规模逐渐扩大，对经济发展和金融稳定的影响也日益增加。新兴经济体的经验表明，在推动经济金融开放进程中，需格外关注跨境资本流动风险。2022 年以来，美联储不断收紧货币政策，4 月，中美 10 年期国债利差出现十余年来的首次倒挂，中美金融周期已经出现了明显的背离，市场对人民币是否会出现大幅贬值、跨境资本是否会大量流出有所担忧。

防范我国跨境资本流出风险，先要分析对新兴经济体，跨境资本流动受什么因素驱动？在研究影响因素的基础上，再构建监测预警系统对跨境资本流出风险

水平进行分析。本章试图对上述问题开展研究。

二、文献回顾

（一）关于跨境资本流动影响因素的研究

国际货币基金组织（International Monetary Fund，IMF）曾将跨境资本流动的驱动因素分为推动因素与拉动因素。推动因素是指影响跨境资本流向特定国家的全球性因素，即影响跨境资本供给层面的因素。拉动因素是指引导跨境资本流向特定国家的国内因素，即影响国际资本需求层面的因素。张明和肖立晟（2014）沿用这一思路，经过实证检验认为，对新兴市场经济体而言，本国经济增长率是跨境资本流动最重要的拉动因素，而全球风险偏好与美国经济增长率是跨境资本流动最重要的推动因素。张铁强等（2013）通过对经济增长及跨境资金流动状况进行分析认为，新兴经济体的跨境资金流动大都呈现出与经济增长顺周期的特征。

除经济增长以外，部分学者还强调了内外部金融周期变化对跨境资本流动的影响。如孙天琦和王笑笑（2020）认为，利差、汇差、资产价差等金融周期差是影响跨境资本流动的重要因素，且内外部金融周期差异变动对资本流入的影响比对资本流出的影响更明显。马勇等（2017）用8个代表性金融变量构建了中国金融周期综合指数，并研究了内外部经济金融指标差异与跨境资本流动的经验关系，发现二者关联紧密。季云华（2019）基于关联数据挖掘方法，认为企业跨境资金流动行为具有较强的顺周期性，汇率变动是引发跨境资金流动风险的重要因素。

还有学者认为，提高金融开放度会使国际资本进入更加方便。如张广婷（2015）认为，新兴国家制度因子中的金融市场开放程度越高，其跨境资本流入增加则越显著。杨继梅等（2020）认为，金融开放本身会显著增加跨境资本流动波动性风险，而金融发展水平的提高有助于在一定程度上抑制金融开放带来的跨境资本流动失衡现象和波动性风险。

（二）关于跨境资本流动预警的研究

针对跨境资本流动风险监测预警的研究，Durham（2000）认为，跨境资金流动的大幅波动在发展水平较低（较高）的国家具有更有害（有益）的影响。Howell（2020）认为，跨境流动的剧烈变化与国际金融危机有关。新兴市场往往是美国和欧洲"安全"资产的大买家，但它们也是西方银行系统美元的借款者，因此导致其资产和负债之间的汇率和期限错配，这些不匹配可能引发金融危机。但总体而言，国外专门针对跨境资金流动风险监测预警的研究成果较少，但是对货币危机的监测预警研究较为丰富和成熟。虽然对跨境资本流动风险与货币危机的定义不同，但在研究方法上有共通之处。早期的货币危机预警模型，如Sachs、Tornell和Velasco（1996）提出的STV模型，利用横截面回归对货币危机的预警进行研究。随后，以Kaminsky、Lizondo和Reinhart（1998）提出的KLR模型为代表的信号分析法逐渐发展，信号分析法一般选取经济金融变量作为信号指标，如果一个给定的指标超过阈值，这个指标就发出一个危险信号。如果多个指标发出危险信号，则意味着出现风险事件概率加大。另外一些对预警模型的研究构建在Probit模型和Logit模型的基础上，如Frankel和Rose（1996）利用Probit模型对货币危机进行了研究，该模型又被称为FR模型。

国内对跨境资本流动预警的研究较多。严宝玉（2018）运用KLR模型方法建立了我国跨境资金流动的监测预警月度指标体系，并采用景气指数方法对监测预警体系的有效性进行了验证。洪昊（2010）采用KLR指标信号模型的研究方法，设计了我国"热钱"跨境流动风险监测预警体系。李伟等（2013）测算了我国短期国际资本流动规模，用灰色关联度为权重合成危机系数、主成分分析法合成预警指数，设计了中国跨境资金流动监测预警指标体系。杨丹丹和沈悦（2021）利用时变概率的马尔科夫区制转换模型（MS-TVTP）对中国跨境资本风险进行预警，发现国内因素对跨境资本流动风险的影响在金融危机期间减弱，国际因素对跨境资本流动风险的影响自金融危机以后不断增强。预警模型对2018—2019年中国跨境资本流动风险监测显示，此时期中国跨境资本流动风险位于高区制，且向低区制转换的概率较低。

（三）文献评述

跨境资本流动影响因素及预警的研究文献有以下特点：一是针对中国情况的

时间序列研究较多,针对跨国面板数据研究较少,尤其缺乏针对新兴经济体面板数据的研究。但理论和实证研究均表明,金融发展程度对跨境资本流动有较明显的影响,新兴经济体金融市场普遍成熟度较低,在跨境资本流动风险上值得被重点关注。二是在国家和地区跨境资本流动因素解释变量的寻找上,事后对已有危机的解释因素的研究较成熟,事前危机预警因素研究偏少。本章在模型设立中,将重点考虑以下两个方面进行创新:一是使用新兴经济体的跨国面板样本,数据更加翔实,能更加全面地反映跨国资本流动的影响因素;二是使模型在跨境资金流动风险出现的前期给出信号,从而实现模型的预警效果。

三、2020年以来我国跨境资本流动趋势分析

国际货币基金组织 2014 年修订的《国际收支和国际投资头寸手册》(第六版)对国际收支平衡表的编制原则给出了新的标准。在现有的编制体系下,从国际收支平衡表出发,有两种方法计算资本外流情况:一是经常项目盈余减去储备资产增量,即未能转化为储备资产的经常项目盈余必然以资本形式流出;二是将国际收支平衡表中的非储备性质的资本与金融账户差额同净误差与遗漏额相加(管涛,2017),二者之和可涵盖统计范围内正规渠道的资本流出、因统计误差未覆盖到的资本流出以及可能隐匿的资本外逃。从国际收支平衡表配平恒等式中可以推出,两种算法的计算结果应完全一致。由此,分析跨境资本流动情况,应以非储备性质的资本与金融账户、净误差与遗漏项为视角展开。基于此,本章以非储备性质的资本和金融账户及误差与遗漏项之和来度量主要讨论变量——跨境资本流动。

(一)非储备性质的资本与金融账户波动收窄

2011 年以前,我国资本长期保持流入状态。"8·11"汇改后的两年内,我国有较大规模的非储备性质的资本与金融账户流出,规模超过 4000 亿美元。2017 年,我国提出跨境资本流动"宏观审慎+微观监管"两位一体管理框架,有效促进跨境资金双向均衡流动,资本外流情况有所好转,非储备性质的资本与金融账户波动幅度显著缩窄,2021 年净流入为 383 亿美元(见图 8-1)。

分细项看，资本账户变化情况非常小，2021年仅流入1亿美元，在讨论跨境资本流动中几乎可忽略。非储备性质金融账户子项较多，包括直接投资、证券投资、金融衍生工具、其他投资。2021年，我国直接投资、证券投资、金融衍生工具项均为净流入，分别为2059亿美元、510亿美元、111亿美元。其中，直接投资净流入量较2020年大幅增长1065亿美元。我国资本流出项主要为其他投资，2020年、2021年分别净流出2452亿美元、2298亿美元，均是2019年的2倍。

（二）净误差与遗漏项长期为负且规模扩大

中国净误差与遗漏项除2021年第一季度转正以外，均长期保持大规模净流出。2015—2017年净流出超过2000亿美元。随后净流出规模缩小。疫情以来净流出规模再度扩大，2020年和2021年分别净流出1588亿美元、1674亿美元（见图8-1）。

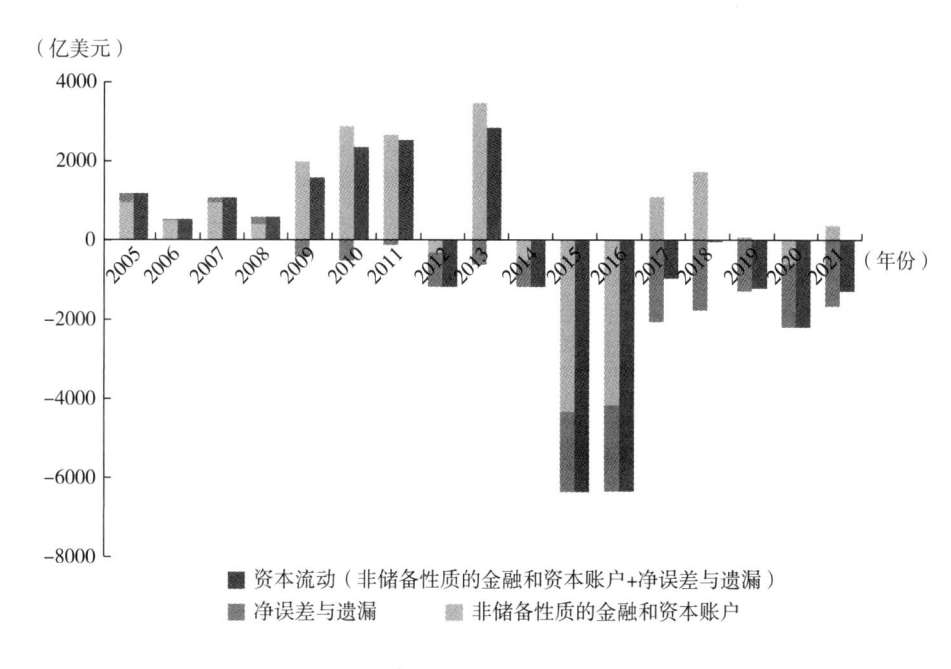

图8-1 资本流动及其构成变化情况

净误差与遗漏项长期大规模净流出引发可能暗示隐蔽的资本外逃的猜想（刘瑶和张明，2022）。对于多大规模的净误差与遗漏项是正常的统计误差，国际上没有统一的标准，但学术界通常认为，净误差与遗漏项占贸易总量的比例应不高于 5%（陈卫东，2017；管涛，2017）。按照这一标准，我国净误差与遗漏项规模在 2015—2017 年出现了较大误差。2018 年下半年以来，净误差与遗漏项占贸易总量的 3%~5%（见图 8-2）。可以从中推断：一是 2015—2017 年净误差与遗漏项规模出现异常，极可能存在较大规模隐蔽的资本外逃，在 2017 年加强跨境资本管理后好转；二是 2020 年以来虽然误差与遗漏项的规模基本未超过学术界标准，但由于其长期保持净流出状态，显然也不符合统计误差应有的随机性特征。目前，隐蔽的资本外逃规模较 2015—2017 年有所缩小，但可能存在，需要关注。

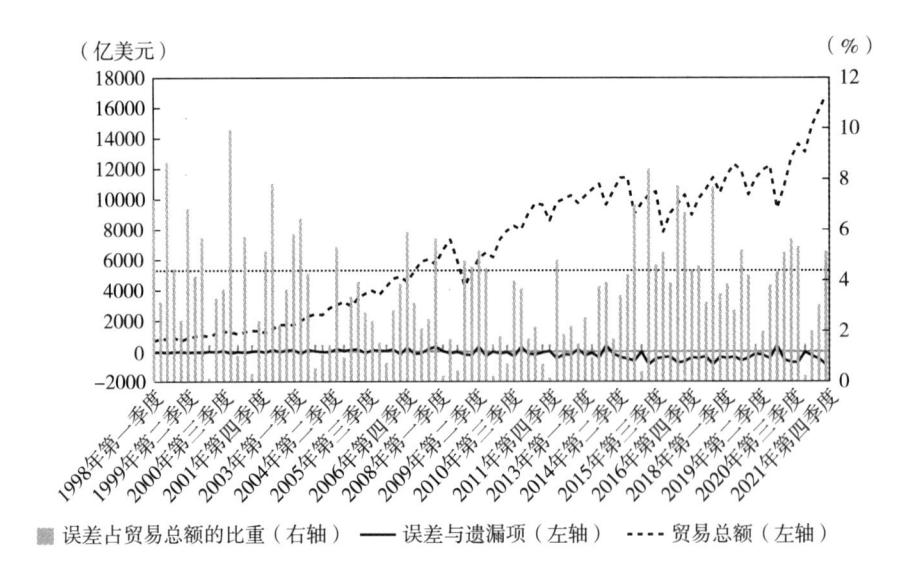

图 8-2 误差与遗漏项及占贸易总额的比重

总体来看，我国资本流出较疫情前有所加快，2020 年流出 2200 亿美元，较 2019 年增加近 1000 亿美元。2021 年流出规模小幅缩窄，但仍高达 1291 美元，超过经常项目盈余的 40%。

（三）经常项目顺差扩大，储备资产小幅上升

2020 年以来，虽然资本呈现流出状态，但得益于我国经常项目顺差不断扩大，最终储备资产实现小幅增长。2020 年和 2021 年，经常项目顺差分别为 2488 亿美元和 3173 亿美元。储备资产分别增长 289 亿美元和 1882 亿美元，其中外汇

储备分别增长262亿美元和1467亿美元。需要重视的是,如果资本保持流出,一旦经常项目的高额顺差难以持续,将对我国外汇储备造成冲击(见图8-3)。

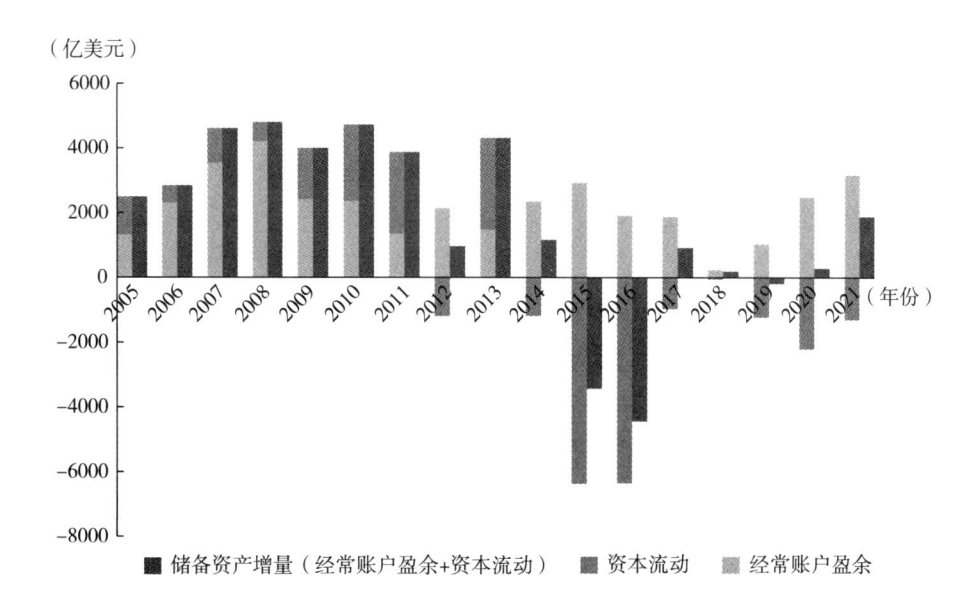

图8-3 经常账户盈余、资本流动与储备资产增量

四、跨境资本流动因素分析

(一)理论分析

跨境资本流动对外汇市场压力的影响主要是通过市场供求决定的。资本流出加剧时,外汇市场本币供大于求,形成汇率贬值压力。对于浮动汇率制的国家,货币将表现出实际的贬值;对于未实现浮动汇率制的国家,货币当局会进入外汇市场进行干预,即通过买入本币,使外汇储备减少。此外,由于资本流动与金融资产价格密切相关,短期资本流出时,将引起资产价格下跌,进一步吸引国际资本流出,导致本币贬值压力进一步提升。

为研判跨境资本流动情况，需要对影响跨境资本流动的因素进行分析。资本具有逐利属性，在没有流动限制的情况下，会自发流向投资收益更高的国家或地区。从收益-成本的角度来看，跨境投资的收益是流入国的投资收益，机会成本是流出国的投资收益。由此考虑影响中长期跨境资本流动的因素：包括国内外投资收益差异与制度层面对资本流动的限制。

1. 国内外投资收益差异

国内和外部经济金融状况差异决定了跨境资本流动的收益和机会成本之差，这会影响跨境资产配置，从而影响跨境资本流动。度量经济金融状况差异的指标较多：从短期视角来看，利差、资产价格差等指标变化快、波动高，容易吸引以交易性收益为目的的"热钱"涌入；从中长期视角来看，跨境资本一般追求从一国长期经济增长中获得发展红利。因此，考察跨境资本流动的影响因素，应重点关注一国中长期视角的经济周期和短期视角的金融周期差。

跨境资本流动与经济周期关联的理论逻辑可以从宏观和微观两个角度理解。一是基于传统开放宏观分析框架。一国的收入等于消费、投资、净出口之和，产出等于消费与储蓄之和。当一国受到正向的技术冲击，拉动经济增长时，产出增长会引致储蓄增加（储蓄效应），全要素生产率增加会引致投资增加（投资效应）。在经济繁荣周期内，市场主体的投资意愿较强，一般投资效应会大于储蓄效应，综合作用的结果是产生额外的储蓄——投资缺口，开放条件下，会吸引资本净流入。基于这种传导机制，可以得出跨境资本净流动与经济周期密切相关，且有顺周期性的特征。二是基于微观主体的金融加速器理论。企业净值是企业质量的信号之一，对于每一个企业个体，随着企业净值的增加，其外部融资成本会降低。对于一国加总层面的企业主体，企业总体净值将呈现顺经济周期变动的特征，一国经济繁荣时，该国企业在国际金融市场进行外部融资时的成本会降低，国际融资规模也会扩大，体现为跨境资本净流入，因此跨境资本流动也会呈现顺周期特征。

跨境资本流动与金融周期关联的理论逻辑可以从交易性收益和规避风险需求两个视角理解。交易性收益的理论逻辑较易于理解：当新兴经济体利率高或资产价格收益率高时，逐利性资本自然有流入的动力；反之，当利差或者资产价格差缩小时，资本也有外流风险。从证券投资组合理论角度来看，投资除了追求收益以外，还有一个重要属性是规避风险。新兴经济体金融脆弱性较高，金融发展程度差异较大，其风险特征的变化也会影响跨境资本配置，从而影响跨境资本流动。全球金融一体化的背景下，特定条件下的跨境资本流动会形成正反馈循环和跨部门风险传染，成为实体经济顺周期性与金融加速器的一部分。因此，从风险因素角度出发对跨境资本流动的研究，常需要讨论跨境资本流动与金融周期的关系。

2. 制度层面对资本流动的限制

制度层面因素以金融开放和金融发展程度来度量。对于新兴经济体，金融开放有许多积极作用，能够吸引外资流入、优化资源配置、促进经济增长。但也增加了经济金融体系的脆弱性：如果金融发展程度不高，对外资吸引力不足，一旦遇到外部冲击，可能造成资本大量外逃，严重时会引发金融危机。国内金融发展水平是金融开放能否在促进跨境资金流动过程中发挥经济增长和金融稳定正面效应的关键因素。

（二）基于新兴经济体的面板模型分析

1. 变量选择和数据来源

本章选取了16个新兴经济体①作为研究对象，通过回归分析研究影响新兴经济体中长期跨境资本流动的各因素。根据数据可得性，选择样本区间为2006—2020年的季度数据，形成个体数为16、时间序列长度为60的平衡面板。

选择的主要被解释变量为资本流动，即非储备性质的资本和金融账户及误差与遗漏项之和；为了更细致划分对流入和流出的影响，将非储备性质的资本和金融账户流入量和流出量也分别作为被解释变量；最后，考虑到其他投资净额包括货币和存款、贷款、保险和养老金等，波动性较高，顺周期性较为明显，将其他投资净额也分别作为被解释变量进行回归分析。

根据前文分析，选择四个变量作为影响中长期跨境资本流动的解释变量。通常认为：GDP增速、出口增速常作为反映经济周期的指标；利率、汇率、资产价格等是影响短期投资的金融因素；隐含波动率指数通常可以反映市场恐慌情绪，进而度量避险需求；信贷市场和资本市场的规模通常可以度量金融开放与发展程度。解释变量指标的具体算法为：经济周期与金融因素采取主成分分析法，经济周期为提取GDP同比增速、出口同比增速两个指标的主成分；金融因素为

---

① 16个新兴经济体分别为：巴西、智利、中国、哥伦比亚、匈牙利、印度、印度尼西亚、韩国、马来西亚、墨西哥、菲律宾、波兰、俄罗斯、南非、泰国、土耳其。

提取利差、汇率变动差、资产价格变动差三个指标的主成分；避险因素被称为恐慌指数的 VIX 指数；金融开放与发展程度为私人部门信贷占 GDP 比重与股票市场总市值占 GDP 比重之和。为体现中长期特征，对被解释变量均进行了去趋势的滤波处理。

此外，考虑到其他一些因素可能对不同期限的跨境资本流动产生影响，选择全球经济周期、本国通胀率、本国货币供应量增速、汇率制度四个指标作为控制变量。全球经济周期以全球经济增速度量，通胀率为 CPI，货币供应量增速为 M2 增速，汇率制度定义为区间内汇率最大值与最小值之差，该值越接近 0，表明一国汇率制度越接近固定汇率制度，否则越接近浮动汇率制（见表 8-1）。

表 8-1 跨境资本流动影响因素回归变量说明

	变量名称	说明	数据来源
被解释变量	资本净流动	非储备性质的资本和金融账户+误差及遗漏	IMF
	资本流入	金融账户（不包括储备）流入	IMF
	资本流出	金融账户（不包括储备）流出	IMF
	其他投资净额	其他投资项流入减流出	IMF
解释变量	经济周期		
	GDP 同比增长率	GDP 季度增长率	Wind 金融数据库
	出口额同比增长率	商品和服务贸易出口额季度增长率	IMF
	金融因素		
	利差	1 年期利率差	IMF
	汇差	汇率与美元指数季度变动率之差	IMF
	资产价格差	股指季度收益率之差	Wind 金融数据库
	避险因素	VIX 指数	Wind 金融数据库
	金融开放与发展水平	私人信贷/GDP+股市总市值/GDP	世界银行
控制变量	全球经济周期	全球 GDP 增长率	世界银行
	通货膨胀率	CPI 差异	IMF
	货币供应量	M2 增速差异	世界银行
	汇率制度	越倾向于固定汇率制度，越接近 0	Wind 金融数据库

2. 模型设定

面板模型设定如下：

$$Y_{i,t}=\alpha_i+\gamma_0+\gamma X_{i,t}+\delta Z_{i,t}+\varepsilon_{i,t} \tag{8.1}$$

其中，$Y_{i,t}$ 是跨境资本流动的被解释变量，$X_{i,t}$ 为经济周期、金融因素、避险因素、金融开放与发展程度四个解释变量。α_i 为个体固定效应列向量，γ_0 为系统变量截距项向量，$Z_{i,t}$ 为控制变量，γ 为解释变量回归系数向量，δ 为控制变量的回归系数向量，$\varepsilon_{i,t}$ 为随机误差项。

Hauseman 检验确定使用固定效应模型。

为了避免多重共线性对回归结果造成影响，计算了各解释变量间的相关系数矩阵（见表8-2）。可以看出，各个解释变量之间的相关系数较低，均未超过0.5，可认为不存在多重共线性问题。

表8-2 影响跨境资本流动因素变量的相关系数矩阵

	经济周期	金融因素	避险因素	金融开放与发展水平	全球经济周期	通货膨胀	货币供应量	汇率制度
经济周期	1.00	-0.04	-0.29	-0.03	0.43	0.01	0.17	-0.11
金融因素	-0.04	1.00	0.10	-0.01	0.22	0.38	0.11	0.19
避险因素	-0.29	0.10	1.00	0.01	-0.44	0.13	0.10	0.24
金融开放与发展水平	-0.03	-0.01	0.01	1.00	-0.08	-0.24	-0.14	-0.14
全球经济周期	0.43	0.22	-0.44	-0.08	1.00	0.10	0.12	-0.12
通货膨胀	0.01	0.38	0.13	-0.24	0.10	1.00	0.48	0.25
货币供应量	0.17	0.11	0.10	-0.14	0.12	0.48	1.00	0.04
汇率制度	-0.11	0.19	0.24	-0.14	-0.12	0.25	0.04	1.00

3. 回归结果

从回归结果（见表8-3）可以看出四个明显特征：

一是资本流入与经济周期显著正相关。将非储备性质的金融账户细分为流入、流出可发现，资本流入作为被解释变量时，经济周期对其有显著正向影响，但资本流出作为被解释变量的回归结果基本不显著。说明新兴经济体，资本流入较资本流出对经济周期更加敏感，经济繁荣时期更易吸引外资流入。可能的解释是大部分新兴经济体资本项目还未完全可兑换，对资本流出有一定阻断和限制，表现为资本流入的顺周期性比资本流出更明显。

表 8-3 跨境资本流动影响因素的回归结果

	变量名称	资本净流动	资本流入	资本流出	其他投资净额
解释变量	经济周期	126.6	258.9*	-264.4	-7.85
	金融因素	349.3	92.6	-386.5	208.6***
	金融风险	-401.2***	-132.8*	247.7***	-0.938
	金融开放与发展水平	89.6**	159.5***	9.9	50.0***
控制变量	全球经济周期	-14.4*	-58.56	11.5**	53.6
	通货膨胀率	-10.8	179.4	136.1	-92.0
	货币供应量	114.7	-142.7	-55.1***	13.5
	汇率制度	-111.1**	87.2	93.1***	-36.2
	R^2	14.7%	28.9%	5.6%	24.8%
	F 值	20.5***	107.6***	7.0***	190.4***

注：*、**、***分别表示在10%、5%、1%的水平下显著。

二是所有资本流动的被解释变量均与金融发展程度正相关。表明一国金融发展水平的提高，有利于促进资本双向流动，扩大跨境投资规模。

三是资本净流动和资本流入与 VIX 指数显著负相关，资本流出与 VIX 指数显著正相关。表明资本流动有明显的避险特征，当风险水平低时，跨境资本更易于流向新兴经济体，而风险水平上升时，跨境资本倾向于从新兴经济体流出。

四是其他投资金额与金融因素显著正相关。金融因素度量了新兴经济体利率、汇率、股指收益率与美国的差异，表明新兴经济体在金融市场相对繁荣，资产收益率上升时，显著吸引了货币存款、保险和养老金等其他投资流入，表现出较强的金融顺周期性。

（三）基于实证结果对未来我国跨境资本流动情况的研判

一是资本流动规模继续双向扩大。总量资本流入、流出，净流入量和直接投资项，其他投资项均会受到金融发展程度的正向影响。随着我国进入高质量发展阶段，金融实现更高水平开放，未来我国资本流动规模双向扩大是金融深化发展的必然结果。

二是总体层面资本外流风险可控。总量资本流入会显著受到经济周期的正向影响，中国长期经济增长具备较坚实的基础，抵御疫情冲击显示出的经济韧性、完整的工业体系、庞大的内需市场都对境外投资者有持续的吸引力，短期冲击难以改变外资长期投资意愿。

三是需关注其他投资项流出波动加大。金融周期差异与其他投资净流入显著正相关。若美联储持续加息，造成中美息差进一步收窄、中美金融周期出现背离，美国长期利率可能显著上行。随着美联储加息步伐的加快，资本将加速重返美国市场。未来我国其他投资项目可能出现较大波动，净流出可能放大。

四是需关注风险水平上升导致的资本流出。全球风险水平上升与新兴经济体资本流出密切相关。2022年以来，全球经济衰退风险不断升级。俄乌冲突爆发后，西方国家对俄罗斯实施严厉经济制裁和外交孤立，对已经脆弱的供应链造成进一步破坏。在全球需求减弱、国际政策协调不足以及债务水平上升等共同作用下，或将产生全球的金融冲击，导致资本加快流出新兴经济体。

五、跨境资本流出风险预警指标

（一）模型设定

与一般回归不同，对于一个事件是否发生的实证研究，被解释变量只能取两个值，即发生和不发生。具体到风险预警问题中，被解释变量为发出预警指标和不发出预警指标，这类回归模型也被称为受限因变量回归模型，常见的受限因变量回归模型包括Probit模型和Logit模型。

在设计跨境资本流动预警指标时，希望实现以下两个目标：一是考虑国内外各方面因素对跨境资本流动的影响。参考前文的理论和分析，将经济周期、金融周期、金融发展和开放程度、全球经济周期、本国通胀、货币供应量、汇率制度作为对跨境资本流动的影响因素。二是注重指标的预警能力，即在跨境资本流动危机之前给出信号，这也是对FR模型的重要扩展。

Probit面板模型的具体设定形式如下：

$$Y_{i,t}^* = \alpha_i + \gamma_0 + \gamma X_{i,t} + \delta Z_{i,t} + \varepsilon_{i,t}, \quad Y_{i,t}^* = \begin{cases} 0 & \text{当 } Y_{i,t}^* < 0 \\ 1 & \text{当 } Y_{i,t}^* \geq 0 \end{cases} \quad (8.2)$$

与普通面板回归不同，$Y_{i,t}^*$ 是跨境资本流动是否发出预警指标的 0、1 变量。发出预警指标时取值为 1，不发出预警指标时取值为 0。其他变量 $X_{i,t}$ 为经济周期、金融周期、金融开放与发展程度三个解释变量。α_i 为个体固定效应列向量，γ_0 为系统变量截距项向量，$Z_{i,t}$ 为全球经济周期、本国通胀、货币供应量、汇率制度四个控制变量，γ 为解释变量回归系数向量，δ 为控制变量的回归系数向量，$\varepsilon_{i,t}$ 为随机误差项。

为了实现模型的预警效果，将被解释变量 $Y_{i,t}^*$ 具体定义为：如果下一期发生了跨境资金流动危机事件，则本期"有预警"，具体定义为：第 i 个国家或地区在第 t 期至第 t+s 期发生了跨境资本流动风险事件，t-1 期至 t+s-1 期"有预警"，第 t+s 期"无预警"。这样设定的主要目的在于：能够让模型在跨境资金流动风险出现的前一期给出信号，政策可以根据预警结果提前做出反应，从而采取逆周期调节等手段对跨境资本流动风险进行管理，具有较强的实践意义。

（二）跨境资本流出风险事件定义

参考严宝玉（2018）的研究，将跨境资本流出风险事件定义为：

先计算外汇市场压力指数 EMP，公式如下：

$$EMP_t = \frac{1}{\sigma_e}\left(\frac{e_t - e_{t-1}}{e_t}\right) - \frac{1}{\sigma_R}\left(\frac{R_t - R_{t-1}}{R_t}\right) \tag{8.3}$$

其中，e 为汇率，R 为外汇储备。σ_e 和 σ_R 分别是汇率变动和外汇储备变动的标准差。根据该计算公式，当汇率大幅贬值同时伴随外汇储备减少时，将被视为外汇市场出现了较大压力。

跨境资本流出风险事件定义为：某个季度的外汇市场压力指数超过了其均值加两个标准差，即 $EMP_t - \mu_{EMP} > 2\sigma_{EMP}$，则定义该季度发生了跨境资本流出风险事件。其中，$\mu_{EMP}$ 是 EMP_t 的样本均值，σ_{EMP} 是 EMP_t 的样本方差。

根据上述标准，在样本区间的 2006—2020 年，共有两次外汇市场压力指数超过上限，即发生两次跨境资本流出风险事件。一次是 2016 年第四季度，人民币汇率进入贬值通道，并伴随较大规模的资本外流，到 2016 年第四季度达到最低点；另一次是 2018 年第三季度，受中美贸易摩擦影响，人民币汇率出现较大波动（见图 8-4）。

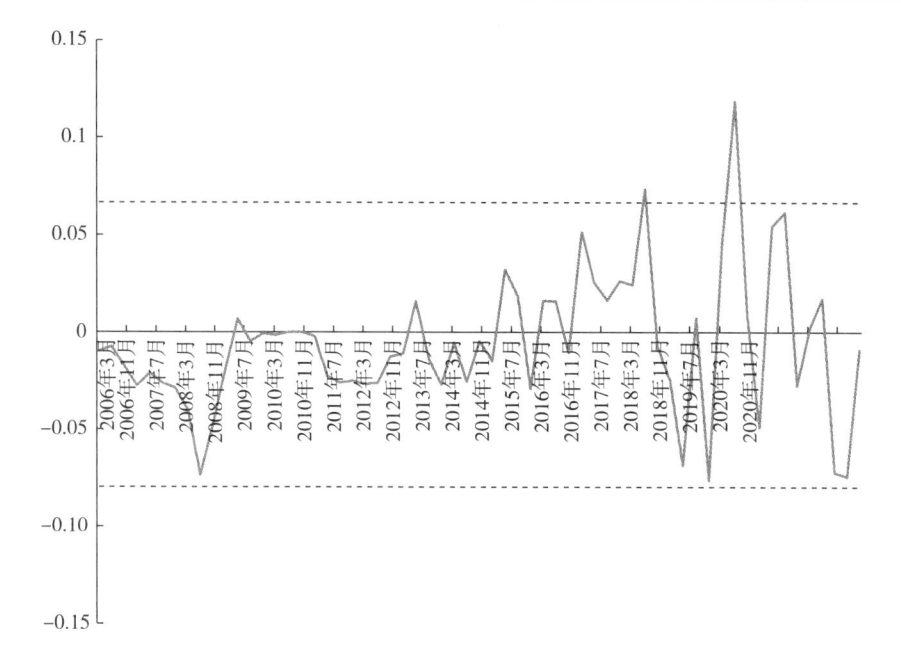

图 8-4 中国外汇市场压力指数

其他新兴经济体在样本区间内也发生了跨境资本流出风险事件。其中发生较多的是金融危机期间和 2015—2016 年危机后美联储加息周期期间（见表 8-4）。

表 8-4 其他新兴经济体样本区间内的跨境资本流出风险事件

时间	发生跨境资本流出风险事件经济体
2008 年第二季度	俄罗斯、墨西哥
2008 年第三季度	哥伦比亚、韩国
2008 年第四季度	巴西、智利、匈牙利、印度尼西亚、韩国、菲律宾、波兰、南非
2009 年第一季度	匈牙利、波兰、俄罗斯
2010 年第二季度	匈牙利、波兰
2011 年第四季度	印度
2012 年第二季度	印度
2013 年第三季度	印度、印度尼西亚
2015 年第四季度	哥伦比亚、马来西亚、俄罗斯
2016 年第四季度	巴西、哥伦比亚、马来西亚、俄罗斯、土耳其
2017 年第四季度	马来西亚

续表

时间	发生跨境资本流出风险事件经济体
2018年第三季度	泰国
2020年第一季度	巴西、菲律宾、土耳其

(三) 回归结果

基于新兴经济体面板数据，对式（8.2）进行回归，结果显示，对于新兴经济体，经济周期上升期会显著减小跨境资本流出风险。与美国的金融周期差、金融开放与发展水平上升、全球经济风险、浮动汇率制会增加跨境资本流出风险（见表8-5）。

表8-5 跨境资本流出风险预警的Probit面板回归结果

被解释变量	变量名称	(1)	(2)
	是否发生跨境资本流出风险事件		
解释变量	经济周期	-0.0421*** (0.012)	-0.0195* (0.115)
	金融周期差	0.1429*** (0.0233)	0.142*** (0.0284)
	金融开放与发展水平	0.00378** (0.0019)	0.00307** (0.0132)
控制变量	全球经济周期		0.0296*** (0.0064)
	通货膨胀率		0.3812 (0.0296)
	货币供应量		-2.594 (2.422)
	汇率制度		25.26*** (2.448)
	F值	56.13***	164.7***

注：*、**、***分别表示在10%、5%、1%的水平下显著，括号内为t值。

分各个变量看，经济周期的回归系数显著为负，表明经济周期与跨境资本流出风险显著负相关。根据前文对跨境资本流动影响因素的分析，随着新兴经济体经济周期进入上升期，总量跨境资本净流入会增加，这会显著降低跨境资本流出的风险。

金融周期差的回归系数显著为正，表明新兴经济体与美国的金融周期差会增加跨境资本流出的风险。由于其他投资净额会显著受金融周期差影响，表明金融周期差引起的跨境资本流出风险上升更可能通过其他投资项传导。这一结果与跨境资本流动存在套利、套汇、套价倾向一致。

金融开放与发展程度的回归系数显著为正。表明一国金融开放和发展水平提高可能增大跨境资本流出的风险。金融开放和发展水平越高的国家，其金融发展水平越高，将会吸引更多的直接投资流入，但开放的便利性也使得跨境资本更容易大进大出，跨境资本流出风险事件的发生概率也会上升。

全球经济周期的回归系数显著为正，表明全球经济周期会显著影响新兴经济体的跨境资本流出风险。本章选取代表全球经济周期的指标为被称为"恐慌指数"的 VIX 指数，该指数升高时，全球经济风险显著上升。回归结果表明全球经济风险上升时，新兴经济体的跨境资本流出风险显著增加。

汇率制度的回归系数显著为正。汇率制度值越高，一国越接近浮动汇率制。表明固定汇率制新兴经济体的跨境资本流出风险会显著小于浮动汇率制的新兴经济体。

通货膨胀率与货币供应量的回归结果不显著。

（四）人民币跨境流出风险分析

根据回归结果，将回归系数与中国经济金融指标数据结合，可计算出跨境资本流出风险和发生跨境资本流出风险事件的概率。在预警模型基础上，根据新的经济金融数据变化，可以预测未来人民币跨境流出风险。

从图 8-5 可以看出，人民币在 2008 年金融危机期间，由于外部经济风险大幅上升，计算的跨境资本流出风险较高。随后进入较长时段的风险平静期，这与危机后外汇市场压力指数维持低位相吻合。但 2016 年起，伴随美联储加息周期开启、中美贸易摩擦等因素，人民币发生跨境资本流出风险事件的概率明显上升。2021 年，中国在经济复苏方面走在全球前列，人民币汇率保持坚挺，外汇储备保持稳定，跨境资本流出风险事件发生的概率大幅下降。

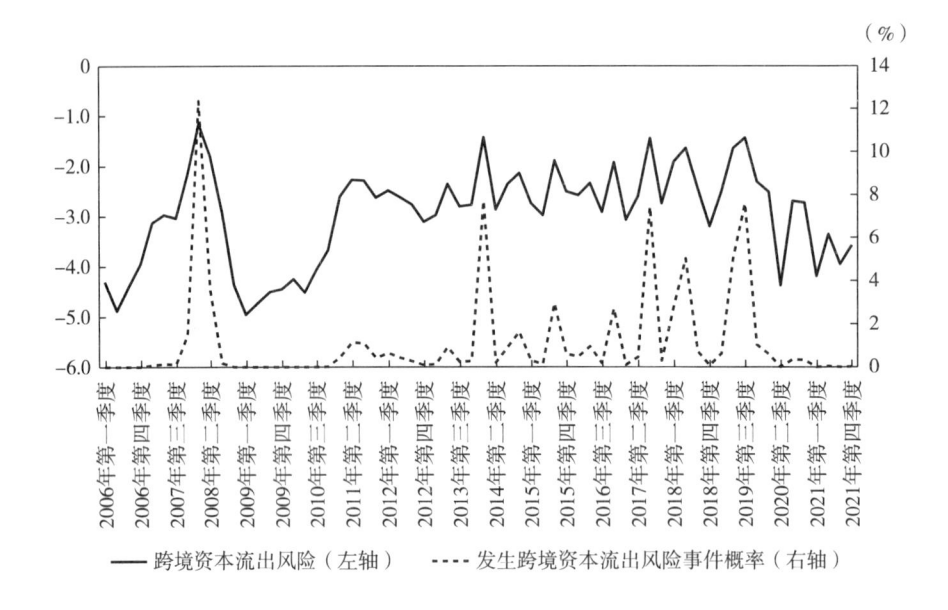

图 8-5　人民币跨境流出风险概率分析

随着我国外汇市场成熟度不断提升，人民币调节宏观经济和国际收支"自动稳定器"的作用增强；对外金融资产和负债继续增长，对外净资产保持较高规模，有能力适应发达经济体货币政策调整变化。2021年末，我国对外金融资产达93243亿美元，较2020年末增长5%；对外负债73410亿美元，增长11%；对外净资产19833亿美元。储备资产继续发挥"压舱石"作用，2021年末，我国对外金融资产中，国际储备资产余额为34269亿美元，较2020年末增长2%。

我国经济保持高质量发展，国内营商环境持续改善，消费市场潜力巨大，将继续吸引外资来华投资兴业。2021年末，我国对外负债中，来华直接投资达36238亿美元，较2020年末增长12%，占我国对外负债的比重为49%，占比提高0.3个百分点，继续排列对外负债首位。国内金融市场稳步对外开放，债券和股票市场均具有良好的投资价值，2021年末，境外投资者持有境内上市股票和债券的总市值累计达12984亿美元，较2020年末增长23%；持仓规模在境内股市和债市中的占比分别为5.2%和3.1%，未来继续提升潜力较大。

（五）稳健性检验

为确保回归结果的稳健性，基于相同数据，也采用了面板Logit模型进行了回归，结果显示，回归系数的显著性与主回归模型一致，经济周期处于增长期能显著降低跨境资本流出风险，金融周期差和金融开放与发展水平均会增加跨境资本流出风险的可能性（见表8-6）。更换回归模型后，不影响已有结论，故上述得到的结论具备一定的稳健性。

表8-6 跨境资本流出风险预警的Logit面板模型稳健性检验回归结果

被解释变量	变量名称 是否发生跨境资本流出风险事件	（1）	（2）
解释变量	经济周期	-0.0890*** (0.0197)	-0.0368* (0.0211)
	金融周期差	0.274*** (0.045)	0.277*** (0.0546)
	金融开放与发展水平	0.00713** (0.0034)	0.0058** (0.0023)
控制变量	全球经济周期		0.0495*** (0.112)
	通货膨胀率		0.0685** (0.543)
	货币供应量		-5.238 (4.723)
	汇率制度		45.35** (0.539)
	F值	60.3***	147.0***

注：*、**、***分别表示在10%、5%、1%的水平下显著，括号内为t值。

六、本章小结

本章首先基于新兴经济体面板数据，研究了新兴经济体中长期跨境资本流动的影响因素，并构建了跨境资本流出风险的预警模型。其次基于我国2006—2021

年的数据，研究了地缘政治风险对跨境资本流动及外汇市场压力的影响。主要得到以下几点结论：

一是新兴经济体的资本流入与经济周期显著正相关，经济繁荣时期更易吸引外资流入。随着新兴经济体经济周期进入上升期，跨境资本净流入会增加，这会显著降低跨境资本流出的风险。二是对于新兴经济体，与美国的金融周期差会显著增加跨境资本流出风险。由于其他投资净额会显著受到金融周期差的影响，金融周期差引起的新兴经济体跨境资本流出风险上升更可能通过其他投资项传导。三是所有资本流动和跨境资本流出风险均与金融开放与发展程度显著正相关。表明一国金融发展水平的提高，有利于促进资本双向流动，扩大跨境投资规模。同时，由于资本进出更加便利，也增加了跨境资本风险发生的可能性。四是全球经济风险水平上升、新兴经济体采取浮动汇率制均会增加跨境资本流出风险。五是目前人民币跨境资本外流的整体风险可控，发生跨境资本流出风险事件的概率较低。但是伴随美联储加息，中美金融周期出现背离，我国其他投资项目可能出现较大波动，应引起关注。

据此，提出以下政策建议：

一是保持适当的资本流动管制。金融市场的开放，尤其是资本账户的开放，应充分考虑短期资本大进大出对外汇市场的影响。在资本账户开放不断推进的过程中，应通过政策沟通、预期引导等方式对资本流动进行管理。保持适当的资本流动管制能够避免外部环境变化显著影响国内货币政策，也能够避免国内资本外流与人民币贬值预期之间的相互强化。

二是加强对跨境资本的逆周期调控。其他投资跨境资本流动的顺周期性主要受银行和企业部门驱动，对跨境资本流动风险的管理，在中美金融周期与货币政策背离的情景下，应重点关注银行和企业部门行为的逆周期调控，探索并使用适当的逆周期调节工具，影响市场主体的预期和行为，减少跨境资本流动顺周期性。

三是坚持正常货币政策取向。相对于部分新兴经济体，人民币存款准备金率已处于中等水平，应珍惜货币政策空间，更注重政策精准质效，慎重全面降准降息，以降低资本外流风险。汇率具有调节宏观经济和国际收支自动稳定器作用，货币政策在着眼于实现内部均衡的同时也会通过外汇市场影响外部均衡，稳健的货币政策能够促进经济内外均衡的实现。此外，坚实的外汇储备基础，以及有效的预期引导有助于外汇市场乃至整个金融市场的平稳运行。我国目前外汇储备仍有坚实基础，应继续保持，并加强有效的市场预期引导和管理，助力外汇市场乃至整个金融市场的稳定。

四是稳慎推进人民币国际化。在推进人民币国际化进程中，需统筹好发展和安全的关系，完善人民币跨境使用的政策支持体系和基础设施安排，推动金融市场双向开放，发展离岸人民币市场，为市场主体使用人民币营造更加便利的环境。

五是积极参与全球治理改革体系。通过多、双边协定等推动各国降低服务贸易壁垒，着力打造全球命运共同体，推进国际、国内多边主义完善与发展，强化区域经济互补与协作优势，努力改善外部环境，减少不确定性风险外溢冲击，促进多方协作的互利共赢。在全球治理体系中，提高人民币在全球贸易中的结算比重，强化人民币避险功能。

参考文献

[1] Akgiray V. Conditional Heteroscedasticity in Time Series of Stock Returns: Evidence and Forecasts [J]. The Journal of Business, 1989, 62 (1): 55-80.

[2] Aliber R Z. A Theory of Foreign Direct Investment [M] // Kindelberger. The International Corporation. Cambridge: MIT Press, 1970.

[3] Andersen T G, Bollerslev T, Lange S. Forecasting Financial Market Volatility: Sample Frequency Vis-À-Vis Forecast Horizon [J]. Journal of Empirical Finance, 1999, 6 (5): 457-477.

[4] Andersen T G, Sorensen B E. Estimation of a Stochastic Volatility Model: A Monte-carlo Study [J]. Journal of Business and Economic Statistics, 1994, 14 (3): 328-352.

[5] Andersen, Torben G, Chung H J, Srensen B E. Efficient Method of Moments Estimation of a Stochastic Volatility Model: A Monte Carlo Study [J]. Journal of Econometrics, 1999, 91 (1): 61-87.

[6] Bai J, Perron P. Multiple Structural Change Models: A Simulation Analysis [J]. Journal of Applied Econometrics, 2003, 18 (1): 1-22.

[7] Bai Jushan, Perron P. Estimation and Testing Linear Models with Multiple Structural Changes [J]. Econom etrica, 1998, 66 (1): 47-78.

[8] Baig T, Goldfajn I. Monetary Policy in the Aftermath of Currency Crises: The Case of Asia [R]. IMF Working Papers, 1998.

[9] Baillie R T. Long Memory Processes and Fractional Integration in Econometrics [J]. Journal of Econometrics, 1996, 73 (1): 5-59.

[10] Bakshi G, Kapadia N, Madan D. Stock Return Characteristics, Skew Laws,

and the Differential Pricing of Individual Equity Options [J]. Review of Financial Studies, 2003 16 (1): 101-143.

[11] Balassa B. Trade Liberalization and Revealed Comparative Advantage [J]. Manchester School of Economic and Social Studies, 1965 (33): 99-124.

[12] Ball, Laurence. Policy Rules for Open Economies [M]. Chicago: University of Chicago Press, 1999.

[13] Barberis N, Huang M. Stocks as Lotteries: The Implications of Probability Weighting for Security Prices [J]. American Economic Review, 2008, 98 (5): 2066-2100.

[14] Barro R J, Gordon D B. Rules, Discretion and Reputation in a Model of Monetary Policy [J]. Journal of Monetary Economics, 1983, 12 (1): 101-121.

[15] Bates D S. Jumps and Stochastic Volatility: Exchange Rate Processes Implicit in Deutsche Mark Options [J]. Review of Financial Studies, 1996 (1): 69-107.

[16] Bates D S. The Crash of'87: Was It Expected? The Evidence from Options Markets [J]. Journal of Finance, 1991 (46): 1009-1044.

[17] Bayoumi T, Eichengreen B. Macroeconomic Adjustment under Bretton Woods and the Post-Breton-Woods Float: An Impulse-Response Analysis [J]. The Economic Journal, 1994, 104 (425): 813-827.

[18] Black F, Scholes M, The Pricing of Options and Corporate Liabilities [J]. Journal of Political Economy, 1973, 81 (3): 637-654.

[19] Blair B J, Poon S H, Taylor S J. Forecasting S&P 100 Volatility: The Incremental Information Content of Implied Volatilities and High-Frequency Index Returns [J]. Handbook of Quantitative Finance and Risk Management, 2010 (5): 1333-1344.

[20] Blattberg R C, Gonedes N J. A Comparison of the Stable and Student Distributions as Statistical Models for Stock Prices [J]. Journal of Business, 1977, 50 (2): 78-79.

[21] Bollerslev T. Generalized Autoregressive Conditional Heteroskedasticity [J]. Journal of Econometrics, 1986, 31 (3): 307-327.

[22] Brailsford T J, Rober R F. An Evaluation of Volatility Forecasting Tech-

niques [J] . Journal of Banking & Finance, 1996, 20 (3): 419-438.

[23] Branson W H, Henderson D W . The Specification and Influence of Asset Markets [J] . Handbook of International Economics, 1985 (2): 749-805.

[24] Breeden D T, Litzenberger H. Prices of State-contingent Claims Implicit in Option Prices [J] . Journal of Business, 1978 (51): 621-651.

[25] Caldara D, Iacoviello M . Measuring Geopolitical Risk [J] . American Economic Review, 2022, 112 (4): 1194-1225.

[26] Canina L, Figlewski S. Program Trading and Stock Index Arbitrage [R] . New York: University Working Paper Series, 1994.

[27] Caporale G M, Cipollini A, Demetriades P . Monetary Policy and the Exchange Rate During the Asian Crisis Identification Through Heteroscedasticity [R] . Department of Economics, University of Leicester, 2002.

[28] Carr P, Wu L. Stochastic Skew in Currency Options [J] . Journal of Financial Economics, 2007, 86 (1): 213-247.

[29] Cheung Y W, Chinn M D, Fujii E. The Overvaluation of Renminbi Undervaluation [J] . Journal of International Money & Finance, 2007, 26: 762-765.

[30] Cheung Y W, M D Chinn, Fujii E. China's Current Account and Exchange Rate [R] . Nber Working Papers, 2009.

[31] Cheung Y W, Rime D. The Offshore Renminbi Exchange Rate: Microstructure and Links to the Onshore Market [J] . Journal of International Money & Finance, 2014, 49 (6): 170-189.

[32] Cheung Y W, Rime D. The Offshore Renminbi Exchange Rate: Microstructure and Links to the Onshore Market [J] . Journal of International Money and Finance, 2014 (49): 170-189.

[33] Christensen B J, Prabhala N B. The Relation Between Implied and Realized Volatility [J] . Journal of Financial Economics, 1998, 50 (2): 125-150.

[34] Colavecchio R, Funke M . Volatility Dependence Across Asia-Pacific Onshore and Offshore Currency Forwards Markets [J] . SSRN Electronic Journal, 2009, 20 (2): 174-196.

[35] Corrado C J, Miller T W. The Forecast Quality of CBOE Implied Volatility Indexes [J] . Journal of Futures Markets, 2005, 25 (4): 339-373.

[36] Corsi F. A Simple Long Memory Model of Realized Volatility [J]. Journal of Financial Econometrics, 2009, 7 (2): 174-196.

[37] Coudert V, Dubert M. Does Exchange Rate Regime Explain Differences in Economic Results for Asian Countries? [J]. Journal of Asian Economics, 2005 (16): 874-895.

[38] Coudert V, Dubert M. Real Equilibrium Exchange Rate in China. Is the Renminbi Undervalued? [J]. Journal of Asian Economics, 2007, 18 (4): 568-594.

[39] Cox C, Ross A. The Valuation of Options for Alternative Stochastic Processes [J]. Journal of Financial Economics, 1976, 3 (1-2): 145-166.

[40] Day T E, Lewis C M. Stock Market Volatility and the Information Content of Stock Index Options [J]. Journal of Econometrics, 1992, 52 (1-2): 267-287.

[41] Derman E. Regimes of Volatility: Some Observations on the Variation of S&P 500 Implied Volatilities [R]. Goldman Sachs Working Paper, 1999.

[42] Dornbusch R. Exchange Rate Expectations and Monetary Policy [J]. Journal of International Economics, 1976, 6 (3): 231-244.

[43] Dornbusch Werner A. Mexico: Stabilization, Reform, and No Growth [J]. Brookings Papers on Economic Activity, 1994, 25 (1): 253-316.

[44] Drèze J H, Morales J A. Bayesian Full Information Analysis of the Simultaneous Equations Model [J]. Bayesian Full Information Structural Analysis, 1970, 43 (1971): 13-88.

[45] Du Z, Pei P, Choi E K. The Impacts of China's Exchange Rate Regime Reform in 2005: A Counterfactual Analysis [J]. Review of Development Economics, 2021, 25 (1): 430-448.

[46] Dumas B, Fleming J, Whaley R E. Implied Volatility Functions: Empirical Tests [J]. The Journal of Finance, 1998, 53 (6): 2059-2106.

[47] Durham J B. Econometrics of the Real Effects of Cross-Border Capital Flows in Emerging Markets [R]. Qeh Working Papers, 2000.

[48] Edwards S. Trade Policy, Exchange Rates and Growth [R]. NBER Working Paper, 1993.

[49] Edwards S. Introduction to Real Exchange Rates, Devaluation and Adjustment [R]. UCLA Economics Working Papers, 1988.

[50] Edwards S. Real Exchange Rates in the Developing Countries: Concepts and Measure-ment [R]. NBER Working Papers, 1989.

[51] Eichengreen B J, Iotker, Hamann A J, et al. Exit Strategies: Policy Options for Countries Seeking Exchange Rate Flexibility [R]. IMF Occasional Papers, 1998.

[52] Engle R F. Autoregressive Conditional Heteroskedasticity with Estimates of the Variance of U. K. Inflation [J]. Econometrica, 1982, 50 (4): 987-1008.

[53] Fiess N, Shankar R. Determinants of Exchange Rate Regime Switching [J]. Journal of International Money & Finance, 2009, 28 (1): 68-98.

[54] Figlewski C S. The Informational Content of Implied Volatility [J]. Review of Financial Studies, 1993, 6 (3): 659-681.

[55] Fleming J, Chris K, Barbara O. The Economic Value of Volatility Timing Using "Realized" Volatility [J]. Journal of Financial Economics, 2003, 67 (3): 473-509.

[56] Fleming J, Domestic Financial Policies under Fixed and under Floating Exchange Rates [J]. IMF Economic Review, 1962, 9 (3): 369-380.

[57] Fouque P G J P, Sircar K R. Derivatives in Financial Markets with Stochastic Volatility [M]. Cambridge: Cambridge University Press, 2000.

[58] Frankel J A, Rose A K. Currency Crashes in Emerging Markets: An Empirical Treatment [J]. Journal of International Economics, 1996, 41, (3-4), 351-366.

[59] Frenkel J A, Aizenman J. Aspects of the Optimal Management of Exchange Rates [J]. Social Science Electronic Publishing, 1982, 13 (3-4): 1-256.

[60] Froot K A, Stein J C. Exchange Rates and Foreign Direct Investment: An Imperfect Capital Markets Approach [J]. The Quarterly Journal of Economics, 1991: 1191-1217.

[61] Furman J, Stiglitz J E. Economic Consequences of Income Inequality [C]. Proceedings-Economic Policy Symposium - Jackson Hole. Federal Reserve Bank of Kansas City, 1998.

[62] Gatheral J. A Parsimonious Arbitrage-free Implied Volatility Parameterization with Application to the Valuation of Volatility Derivatives [R]. Global Derivatives & Risk Management, 2004.

[63] Gatheral J. Jacquier A Arbitrage-Free SVI Volatility Surfaces [J]. Quantitative Finance, 2014, 14 (1): 59-71.

[64] Ghosh A R, Basurto G. The Interest Rate-Exchange Rate Nexus in the Asian Crisis Countries [R]. IMF Working Papers, 2006.

[65] Ghysels E, Santa-Clara P, Valkanov R. Predicting Volatility: Getting the Most out of Return Data Sampled at Different Frequencies [R]. NBER Working Papers, 2004.

[66] Giavazzi F, Pagano M. The Advantage of Tying One's Hands: EMS Discipline and Central Bank Credibility: Francesco Giavazzi and Marco Pagano [J]. European Economic Review, 1988, 32 (5): 1077-1082.

[67] Glosten R, Jagannathan R, Runkle E. On the Relation Between the Expected Value and the Volatility of the Nominal Excess Return On Stocks [J]. Journal of Econometrics, 1993, 48 (5): 1779-1801.

[68] Goldberg L. Exchange Rates and Investment in United States Industry [J]. Review of Economics and Statistics, 1993, 11 (4): 575-578.

[69] Gonçalves Sílvia, Robert De Jong. Consistency of the Stationary Bootstrap Under Weak Moment Conditions [J]. Economics Letters, 2003, 81 (2): 273-278.

[70] Granger C W J, Joyeux R. An Introduction of Long Memory Time Series Models [J]. Journal of Time Series Analysis, 1980, 4 (1): 221-228.

[71] Gregory T E. Twelve Months of American Dollar Policy [J]. Economitrica, 1934, 1 (2): 121-146.

[72] Guo W, Chen Z, Evi A. The Political Pressure from the US upon RMB Exchange Rate [J]. Journal of International Financial Markets Institutions and Money, 2021, 73 (6): 101-293.

[73] Hanse P R, Lunde A. A Forecast Comparison of Volatility Models: Does Anything Beat a GARCH (1, 1)? [J]. Journal of Applied Econometrics, 2005, 20 (7): 873-889.

[74] Harberler, Gottfried. The International Monetary System: Some Recent Developments and Discussions [M]. Chicago: University of Chicago Press, 1969.

[75] Heston S. A Closed-Form Solution for Option with Stochastic Volatility with Applications to Bond and Currency Options [J]. Review of Financial Study, 1993

(6): 337-343.

[76] Howell M J. Cross-Border Capital Flows [M]. London Palgrave. Macmillam, 2020.

[77] Hull J, White A. The Pricing of Options with Stochastic Volatilities [J]. Journal of Finance, 1987 (42): 281-300.

[78] Hull J. Options, Futures and Other Derivatives [M]. New York: Prentice Hall, 1997.

[79] Ibrahim A E. Estimating Long Run Equilibrium Real Exchange Rate [C] //John Williamson, et al. Estimating equilibrium Exchange Rates [C]. Washington, Institute for International Economics, 1994.

[80] Ingram J C. Regional Payments Mechanisms: The Case of Puerto Rico [M]. Raleigh: University of North Carolina Press, 1962.

[81] Jacques H, Drèze, Morales J A. Bayesian Full Information Analysis of Simultaneous Equations [J]. Publications of The American Statistical Association, 1976 (7): 919-923.

[82] Jegadeesh N. Seasonality in Stock Price Mean Reversion: Evidence from the U. S. and the U. K. [J]. Journal of Finance, 1991, 46 (4): 1427-1444.

[83] John, Whalley, Hejing, et al. Are Offshore RMB Arrangements the Basis for a Long-term Exchange Rate System without Convertibility? [J]. Social Science Electronic Publishing, 2021 (2013-1): 26-46.

[84] Jorion P. Predicting Volatility in the Foreign Exchange Market [J]. The Journal of Finance, 1995, 50 (2): 507-528.

[85] Kamin S B, Klau M. Some Multi-Country Evidence on the Effects of Real Exchange Rates on Output [J]. International Finance Discussion Papers, 1998, 61 (49): 85-109.

[86] Kaminsky G L, Lizondo S, Reinhart C M. Leading Indicators of Currency Crises [J]. International Monetary Fund Staff Papers, 1998, 45 (1): 1-48.

[87] Kearney, Fearghal, Cummins, et al. Forecasting Implied Volatility in Foreign Exchange Markets: A Functional Time Series Approach [J]. European Journal of Finance, 2018, 24 (1): 1-18.

[88] Lynch P E, Zumbach G O. Market Heterogeneities and the Causal Structure

of Volatility [J]. Quantitative Finance, 2003, 3 (4): 320-331.

[89] Macdonald R, Dias P. Behavioural Equilibrium Exchange Rate Estimates and Implied Exchange Rate Adjustments for Ten Countries [R]. Working Papers, 2007.

[90] Macdonald R. What Determines Real Exchange Rates? The Long and the Short of It [J]. Journal of International Financial Markets, Institutions and Money, 1998, 8 (2): 117-153.

[91] Malz A M, Estimating the Probability Distribution of the Future Exchange Rate from Option Prices [J]. The Journal of Derivatives, 1997 (5): 18-36.

[92] Mandelbrot B. The Variation of Certain Speculative Prices [J]. Journal of Business, 1963, 36 (4): 394-419.

[93] Mariano R S, Murasawa Y. A Coincident Index, Common Factors, and Monthly Real GDP [J]. Oxford Bulletin of Economics & Statistics, 2010, 72 (1): 27-46.

[94] Mariano R S, Murasawa Y. A New Coincident Index of Business Cycles Based on Monthly and Quarterly Series [J]. Journal of Applied Econometrics, 2003, 18 (4): 427-443.

[95] Martens M. Measuring and Forecasting S&P 500 Index-Futures Volatility Using High-Frequency Data [J]. Journal of Futures Markets, 2022, 22 (6): 497-518.

[96] Maziad S, Kang J S. RMB Internationalization: Onshore/Offshore Links [R]. IMF Working Paper, 2012.

[97] McKinnon, Ronald I. Optimum Currency Areas [J]. American Economic Review, 1963 (9): 717-725.

[98] Montiel P J. Determinants of The Long-Run Equilibrium Real Exchange Rate: An Analytical Model [M]. New York: Oxford University Press, 1999.

[99] Motonishi T. Are the East Asian Currencies Still Misaligned? An Analysis Based on Absolute PPP-Income Relationship Using Panel Data [R]. Asia Pacific Economic Papers, 2009.

[100] Mundell R A. The Monetary Dynamics of International Adjustment under Fixed and Flexible Exchange Rates [J]. Quarterly Journal of Economics, 1960

(2): 227-257.

[101] Mundell, Robert A. A Theory of Optimum Currency Areas [J]. American Economic Review, 1961 (9): 657-665.

[102] Nakajima, J. Time-Varying Parameter VAR Model with Stochastic Volatility: An Overview of Methodology and Empirical Applications [J]. Monetary and Economic Studies, 2011 (29): 107-142.

[103] Nelson D B. Conditional Heteroskedasticity in Asset Returns: A New Approach [J]. Econometrica, 1991, 59 (2): 347-370.

[104] Ni Y. An Empirical Study of the Impact of RMB Exchange Rate Fluctuations on Sino-US Trade [C]. E3S Web of Conferences, 2021.

[105] Obstfeld M, Rogoff K. Exchange Rate Dynamics Redux [J]. Journal of Political Economy, 1995, 103 (3): 624-660.

[106] Ofek E, Richardson M, Whitelaw R F. Limited Arbitrage and Short Sales Restrictions: Evidence from the Options Markets [J]. Journal of Financial Economics, 2004, 74 (2): 305-342.

[107] Oyvind E, Espen F, Oistein R, Can the Price of Currency Options Prove an Indication of Market Perceptions of the Uncertainty Attached to the Krone Exchange Rate? [J]. Economic Bulletin, 1999 (3): 266-277.

[108] Pan J, Poteshman A M. The Information in Option Volume for Future Stock Prices [J]. Review of Financial Studies, 2006, 19 (3): 871-908.

[109] Patton A J. Volatility Forecast Comparison Using Imperfect Volatility Proxies [J]. Journal of Econometrics, 2011, 160 (1): 246-256.

[110] Paul W, Paul Wilmott on Quantitative Finance [M]. Chichester: John Wiley & Sons Ltd, 2006.

[111] Paul W, Asli O, Uncertain Parameters, an Empirical Stochastic Volatility Model and Confidence Limits [J]. International Journal of Theoretical and Applied Finance, 1998, 1 (1): 175-189.

[112] Peter Kenen. Theory of Optimum Currency Areas: An Eclectic View [M]. Chicago: University of Chicago Press, 1969.

[113] Pilbeam K, Langeland K N. Forecasting Exchange Rate Volatility: GARCH Models Versus Implied Volatility Forecasts [J]. Internaltional Economics and

Economic Policy, 2015, 12 (1): 127-142.

[114] Pilbeam, Keith, Langeland K N. Forecasting Exchange Rate Volatility: GARCH Models Versus Implied Volatility Forecasts [J]. International Economics & Economic Policy, 2015, 12 (1): 127-142.

[115] Politis D N, Romano J P. The Stationary Bootstrap [J]. Journal of the American Statistical Association, 1994, 89 (428): 1303-1313.

[116] Pong S, Shackleton M B, Taylor, S J, et al. Forecasting Currency Volatility: A Comparison of Implied Volatilities and AR (FI) MA Models [J]. Journal of Banking & Finance, 2004, 28 (10): 2541-2563.

[117] Qin D, He X. Is the Chinese Currency Substantially Misaligned to Warrant Further Appreciation? [R]. Working Papers, 2010.

[118] Ren, Yinghua, Chen, et al. The Onshore-Offshore Exchange Rate Differential, Interest Rate Spreads, and Internationalization: Evidence from the Hong Kong Offshore Renminbi Market [J]. Emerging Markets Finance & Trade, 2018, 54 (13): 3100-3116.

[119] Ronn E I, Lee C. VIX Implied Volatility as a Time-Invariant, Stationary Assessor of Market Nervousness/Uncertainty [J]. Review of Pacific Basin Financial Markets and Policies, 2022, 25 (3): 1-13.

[120] Rubinstein M. Nonparametric Test of Alternative Option Pricing Models Using All Reported Trades and Quotes on the 30 Most Active CBOE Option Classes from Aug. 23, 1976 through Aug. 31 1978 [J]. Journal of Finance, 1985, 40 (2): 455-480.

[121] Rubinstein M. Implied Binomial Trees [J]. Journal of Finance, 1994 (49): 771-818.

[122] Sachs J, Tornell A, Velasco A. Financial Crises in Emerging Markets: The Lessons From 1995 [R]. Harvard Institute of Economic Research Working Papers, 1996.

[123] Samuelson, Paul. Theoretical Notes on Trade Problems [J]. Review of Economics and Statistics, 1964, 46 (2): 145-154.

[124] Shiller R J, Fischer S, Friedman B M. Stock Price and Prices Social Dynamics [J]. Brookings Papers on Economic Activity, 1984, 15 (2): 457-510.

[125] So R W. Price and Volatility Spillovers Between Interest Rate and Exchange Value of the US Dollar [J]. Global Finance Journal, 2001, 12 (1): 95-107.

[126] Stein E M, Stein J C. Stock Price Distributions with Stochastic Volatility [J]. Review of Financial Studies, 1991, 4 (4): 727-752.

[127] Stein J L. The Natural Real Exchange Rate of the United States Dollar, and Determinants of Capital Flows [M]. Oxford: Oxford University Press, 1998.

[128] Svensson, Lars E O. Open-Economy Inflation Targeting [J]. Journal of International Economics, 2000, 50 (1): 155-183.

[129] Swan R. Longer Run Problems of the Balance of Payments [M]. London: Allen and Unwin, 1968.

[130] Taylor, John B. Discretion Versus Policy Rules in Practice [C]. Carnegie-Rochester [C]. Conference Series on Public Policy, 1993.

[131] Teyssiere G. Modelling Exchange Rates Volatility with Multivariate Long-memory ARCH Processes [R]. SFB 373 Discussion Papers, 1999.

[132] Tse Y K, Tung S H. Forecasting Volatility in the Singapore Stock Market [J]. Asia Pacific Journal of Management, 1992, 9 (1): 1-13.

[133] Tse Y K. Stock Returns Volatility in the Tokyo Stock Exchange [J]. Japan and the World Economy, 1991, 3 (3): 285-298.

[134] Wang Yajie, Hui Xiaofeng, Abdol S. Estimating Renminbi (RMB) Equilibrium Exchange Rate [J]. Journal of Policy Modeling, 2007, 29 (3): 417-429.

[135] Williamson J. Estimating Equilibrium Exchange Rates [R]. Institute of International Economics Working Paper, 1994.

[136] Williamson J. The Exchange Rate System [R]. Institute of International Economics Working Paper, 1985.

[137] Wilmott P, Lewis A L, Duffy D J. Modeling Volatility and Valuing Derivatives Under Anchoring [J]. Wilmott, 2014, 2014 (73): 48-57.

[138] Xing Y, Zhang X, Zhao R. What Does the Individual Option Volatility Smirk Tell Us about Future Equity Returns? [J]. Journal of Financial and Quantitative Analysis, 2010, 45 (3): 641-662.

[139] Xu X, Taylor S J. Conditional Volatility and the Informational Efficiency of

the PHLX Currency Options Market [J]. Journal of Banking & Finance, 1995, 19 (5): 803-821.

[140] Yan J, Cai J. Research on the Impact of Sino-US Trade Structure on the Real Effective Exchange Rate of RMB [J]. Discrete Dynamics in Nature and Society, 2021 (11): 1-10.

[141] Zettelmeyer J. The Impact of Monetary Policyon the Exchange Rate: Evidence from Three Small Open Economies [R]. IMF Working Paper, 2000.

[142] Zhan M, Zhou Q, Yueli X U, et al. Level and Volatility Spillovers of Onshore and Offshore RMB Exchange Rate in Global and Regional Markets [J]. The Singapore Economic Review, 2021 (4): 1-26.

[143] 卜林, 赵航, 凡慧敏. 地缘政治风险, 经济政策不确定性与汇率波动 [J]. 国际金融研究, 2021 (11): 55-65.

[144] 操玮, 崔陈, 朱卫东. 多来源经济不确定性对人民币汇率波动的影响研究——基于多因子GARCH-MIDAS模型的分析 [J]. 金融理论与实践, 2021 (7): 59-69.

[145] 曹伟, 申宇. 人民币汇率传递、行业进口价格与通货膨胀: 1996~2011 [J]. 金融研究, 2013, 13 (10): 68-80.

[146] 陈华. 央行干预使得人民币汇率更加均衡了吗？[J]. 经济研究, 2013, 12 (12): 81-92.

[147] 陈蓉, 郑振龙. NDF市场: 挑战与应对——各国NDF市场比较与借鉴 [J]. 国际金融研究, 2008, 9 (9): 39-47.

[148] 陈蓉, 郑振龙. 结构突变、推定预期与风险溢酬: 美元/人民币远期汇率定价偏差的信息含量 [J]. 世界经济, 2009, 13 (6): 69-76.

[149] 陈瑞刚. 汇率变动对我国产业结构高度化的影响分析 [D]. 浙江大学, 2008.

[150] 陈卫东, 王有鑫. 跨境资本流动监测预警体系的构建和应用 [J]. 国际金融研究, 2017, 10 (12): 65-74.

[151] 陈卫东, 谢峰. 我国汇率制度未来改革及其面临的约束 [J]. 国际金融研究, 2018, 9 (6): 3-11.

[152] 邓文硕, 张博闻. 本轮美联储缩表的传导路径, 历史借鉴和政策建议 [J]. 金融会计, 2021 (10): 50-59.

[153] 丁剑平，胡昊，叶伟．在岸与离岸人民币汇率动态研究——基于美元因素和套利因素的视角［J］．金融研究，2020（6）：78-95．

[154] 丁剑平，黄嬿．人民币汇率形成机制述评：基于与日元的比较［J］．世界经济研究，2018，11（9）：21-31．

[155] 范莉丽，杨升．"8.11"汇改对人民币汇率中间价、在岸汇率和离岸汇率联动性影响的实证研究［J］．金融理论与实践，2017，6（1）：31-36．

[156] 傅广敏．美联储加息、人民币汇率与价格波动［J］．国际贸易问题，2017（3）：131-142．

[157] 高铁梅，杨程，谷宇．我国人民币汇率波动影响因素研究——基于非对称效应的 EGARCH 模型［A］//2013 年"中国经济增长与金融发展计量分析"学术会议［C］．吉林大学，2013．

[158] 谷家奎，陈守东．货币政策冲击对汇率变动的影响——基于结构动态因子模型的中美比较分析［J］．现代财经：天津财经大学学报，2015，11（7）：23-33．

[159] 顾荣宝，蒋科学．深圳股票市场的羊群行为及其演化——基于一个改进的 CCK 模型［J］．南方经济，2012（10）：135-145．

[160] 管涛．跳出"资本外逃"之争看净误差与遗漏［J］．中国外汇，2017，4（16）：28-31．

[161] 贺晓博．人民币离岸和在岸市场的联动渠道［J］．中国金融，2020，3（7）：69-71．

[162] 洪昊．我国"热钱"跨境流动风险监测预警体系研究［D］．浙江大学，2010．

[163] 胡春田，陈智君．人民币是否升值过度？——来自基本均衡汇率（1994-2008）的证据［J］．国际金融研究，2009（11）：55-65．

[164] 黄后川，陈浪南．中国股票市场波动率的高频估计与特性分析［J］．经济研究，2023（8）：75-94．

[165] 季云华．企业主体行为、外部经济环境变化与跨境资金流动风险［J］．南方金融，2019，10（7）：51-60．

[166] 金鑫．美联储加息对人民币汇率影响研究［D］．天津大学，2019．

[167] 孔德钰，美联储加息对人民币汇率变动影响研究［D］．东北财经大学，2019．

[168] 蓝乐琴, 胡日东. 人民币汇率变动的非线性经济增长效应分析 [J]. 财经问题研究, 2014 (11): 58-62.

[169] 李明乾. 美联储加息对人民币汇率的影响——基于美联储第六轮加息的实证分析 [J]. 现代商业, 2021, 3 (20): 121-123.

[170] 李青召, 方毅. 地缘政治风险, 政策不确定性与短期国际资本流动 [J]. 商业研究, 2019, 8 (10): 78-85.

[171] 李未无. 实际汇率与经济增长: 来自中国的证据 [J]. 管理世界, 2005, 10 (2): 17-26.

[172] 李伟, 乔兆颖, 柳光程. 中国跨境资金流动监测预警指标体系研究 [J]. 金融理论与实践, 2013, 4 (4): 56-59.

[173] 李晓峰, 陈华. 交易者预期异质性、央行干预效力与人民币汇率变动——汇改后人民币汇率的形成机理研究 [J]. 金融研究, 2010, 19 (8): 49-67.

[174] 李艳丽, 黄英伟. 央行干预与人民币汇率失衡——基于 BEER 模型与变结构协整检验的分析 [J]. 山西财经大学学报, 2015, 37 (1): 37-47.

[175] 林丽梅. 人民币升值对产业结构变动影响的实证分析 [J]. 科学技术与工程, 2011, 6 (7): 1648-1654.

[176] 林伟斌, 王艺明. 汇率决定与央行干预——1994~2005 年的人民币汇率决定研究 [J]. 管理世界, 2009 (7): 67-76.

[177] 刘斌. 动态随机一般均衡模型及其应用 (第四版) [M]. 北京: 中国金融出版社, 2021.

[178] 刘传哲, 王春平. 基于结构突变的人民币均衡实际汇率研究 [J]. 上海经济研究, 2007 (3): 58-65.

[179] 刘凤芹, 吴喜之. 基于 SV 模型的深圳股市波动的预测 [J]. 山西财经大学学报, 2004 (4): 96-99.

[180] 刘浩杰, 林楠. 地缘政治风险、短期资本流动与外汇市场压力 [J]. 亚太经济, 2021, 11 (6): 31-41.

[181] 刘湘云, 张应, 林岚. A 股与 B 股跨市场羊群效应: 基于 CCK 模型的实证检验 [J]. 金融理论与实践, 2014, 6 (8): 87-92.

[182] 刘欣琦. 美联储加息对人民币汇率的影响——基于 VAR 模型的实证分析 [J]. 西部经济管理论坛, 2018 (5): 32-44.

[183] 刘亚, 张曙东, 许萍. 境内外人民币利率联动效应研究——基于离岸无本金交割利率互换 [J]. 金融研究, 2009, 13 (10): 94-106.

[184] 刘尧成, 徐晓萍. 供求冲击与我国经济外部失衡——基于 DSGE 两国模型的模拟分析 [J]. 财经研究, 2010, 36 (3): 102-112.

[185] 刘瑶, 张明. 中国国际收支的变化及展望 [J]. 中国金融, 2022, 2 (3): 38-39.

[186] 刘宇, 姜波克. 汇率变动与经济增长方式的转换——基于结构优化的视角 [J]. 国际金融研究, 2008, 6 (10): 45-50.

[187] 卢万青, 陈建梁. 比较优势与人民币汇率的关系研究 [J]. 国际金融研究, 2007, 8 (8): 39-46.

[188] 路妍, 吴琼. 量化宽松货币政策调整对人民币汇率变动的影响分析 [J]. 宏观经济研究, 2016 (2): 137-149.

[189] 吕江林, 王磊. 基于修正的 ERER 模型的人民币均衡汇率实证研究 [J]. 当代财经, 2009, 8 (4): 51-58.

[190] 罗霄. 美国国债对人民币汇率影响研究 [D]. 武汉大学, 2012.

[191] 马勇, 张靖岚, 陈雨露. 金融周期与货币政策 [J]. 金融研究, 2017 (3): 33-53.

[192] 马宇, 张莉娜. 人民币在岸与离岸市场之间的波动溢出效应及时变相关性研究——基于 "8.11" 汇改前后数据 [J]. 统计与信息论坛, 2018 (8): 49-59.

[193] 缪延亮, 谭语嫣. 从此岸到彼岸: 人民币汇率如何实现清洁浮动? [J]. 国际经济评论, 2019, 28 (4): 63-89.

[194] 欧阳志刚, 张圣. 后金融危机时代美国货币政策对人民币汇率的传导效应 [J]. 国际经贸探索, 2016, 32 (4): 63-76.

[195] 彭红枫, 李鹤然, 罗宁欣. "逆周期因子" 提高了人民币汇率中间价的市场基准地位吗?——基于时变溢出指数的实证研究 [J]. 国际金融研究, 2020, 11 (1): 65-75.

[196] 乔依德, 李蕊, 葛佳飞. 人民币国际化: 离岸市场与在岸市场的互动 [J]. 国际经济评论, 2014, 12 (2): 93-104.

[197] 邱嘉锋, 王珊珊, 侯庆志. 人民币汇率变动对中国经济增长的影响分析——基于进出口贸易和外商直接投资传导机制的视角 [J]. 经济纵横, 2012

(9): 31-34.

[198] 阮青松, 杨君轩. 人民币离岸在岸汇率波动特征、差异原因、影响及对策研究 [J]. 经济问题探索, 2017 (11): 160-168.

[199] 邵宇, 范亚琴. 美联储加息、缩表前瞻 [J]. 金融博览, 2022 (2): 13-18.

[200] 施建淮, 傅雄广, 许伟. 人民币汇率变动对我国价格水平的传递 [J]. 经济研究, 2008, 13 (7): 52-64.

[201] 隋建利, 刘金全, 闫超. 现行汇率机制下人民币汇率收益率及波动率中有双长期记忆性吗? [J]. 国际金融研究, 2013, 14 (11): 56-69.

[202] 孙天琦, 王笑笑, 尚昕昕. 结构视角下的跨境资本流动顺周期性研究 [J]. 财贸经济, 2020, 41 (9): 70-85.

[203] 孙天琦, 王笑笑. 内外部金融周期差异如何影响中国跨境资本流动? [J]. 金融研究, 2020, 20 (3): 1-19.

[204] 谈文健 张金萍. 美国新一轮加息对人民币汇率走势影响的实证分析 [J]. 商业经济, 2020 (4): 160-162.

[205] 谭小芬, 虞梦微. 全球金融周期与跨境资本流动 [J]. 金融研究, 2021 (10): 22-39.

[206] 谭小芬. 美联储加息对中国经济金融的负面影响及其应对 [J]. 新视野, 2016 (1): 75-80.

[207] 田涛, 商文斌, 陈鹏. 美国量化宽松货币政策对人民币汇率的影响——基于 ARIMAX 模型的实证分析 [J]. 贵州财经大学学报, 2015, 11 (2): 1-11.

[208] 田涛, 谢润德, 商文斌. 人民币汇率形成机制动态演进的实证分析 [J]. 国际商务: 对外经济贸易大学学报, 2015, 12 (1): 71-82.

[209] 汪杰, 徐晓璐. 美联储加息与"缩表"如何影响人民币汇率与外汇储备 [J]. 审计观察, 2017 (2): 42-45.

[210] 王爱俭, 王韩, 刘浩杰. 地缘政治风险对金融周期波动的溢出效应研究 [J]. 亚太经济, 2021 (3): 35-46.

[211] 王芳, 甘静芸, 钱宗鑫等. 央行如何实现汇率政策目标——基于在岸—离岸人民币汇率联动的研究 [J]. 金融研究, 2016, 16 (4): 34-49.

[212] 王芳, 赵辉越等. 美联储缩表效应波及机制与中国应对策略 [J].

金融会计, 2019, 3 (17): 31-42.

[213] 王佳妮, 李文浩. GARCH 模型能否提供好的波动率预测 [J]. 数量经济技术经济研究, 2005, 22 (6): 74-87.

[214] 王盼盼. 中美贸易摩擦、美国经济政策不确定性与人民币汇率波动 [J]. 世界经济研究, 2021 (7): 75-92.

[215] 王琦, 储国强, 杨小玄. 人民币对外汇期权波动率研究 [J]. 金融研究, 2014, 14 (3): 66-77.

[216] 王松奇, 徐虔. 人民币实际有效汇率变动对产业结构影响路径的实证研究 [J]. 中央财经大学学报, 2015, 26 (5): 26-31.

[217] 王伟涛. 内外部经济政策不确定性与中国短期跨境资金流动——基于金融周期差异和中介效应视角的检验 [J]. 南方金融, 2021, 13 (4): 3-15.

[218] 王永茂, 刘惠好. 量化宽松货币政策对汇率的影响——基于 2001—2006 年日本实证分析 [J]. 财贸研究, 2011, 8 (5): 109-116.

[219] 王铮, 王宇, 胡敏等. 全球视角下汇率变动对产业结构影响的分析 [J]. 世界经济研究, 2016, 12 (8): 3-14.

[220] 王智勇, 郭靖波. 人民币汇率市场动态传导效应研究——基于信息溢出的视角 [J]. 云南财经大学学报, 2021, 37 (3): 55-66.

[221] 王自锋, 白玥明, 何翰. 央行汇率沟通与实际干预调节人民币汇率变动的实效与条件改进 [J]. 世界经济研究, 2015, 11 (3): 15-25.

[222] 魏宇. 中国股票市场的最优波动率预测模型研究——基于沪深 300 指数高频数据的实证分析 [J]. 管理学报, 2010, 7 (6): 936-942.

[223] 文先明等. 人民币均衡实际汇率测算与失调程度分析 [J]. 财经理论与实践, 2012, 33 (5): 18-23.

[224] 吴鑫育, 周海林, 汪寿阳等. 基于 GARCH 扩散模型的权证定价 [J]. 系统工程理论与实践, 2012 (3): 449-457.

[225] 吴志明, 郭予锴. 汇率制度改革前后人民币汇率传递效应研究——以 2005 年 7 月汇率制度改革为界 [J]. 经济评论, 2010, 8 (2): 120-127.

[226] 肖立晟, 杨娇辉, 李颖婷, 朱昱昭. 中国经济基本面、央行干预与人民币汇率预期 [J]. 世界经济, 2021, 44 (9): 51-76.

[227] 肖卫国, 兰晓梅. 美联储货币政策正常化对中国经济的溢出效应 [J]. 世界经济研究, 2017, 12 (12): 38-49.

[228] 肖文, 尚玉皇, 李建勇. 人民币离在岸价差及其波动行为: 逆周期因子的视角 [J]. 国际金融研究, 2021, 12 (8): 64-75.

[229] 谢伏瞻, 余永定, 李扬等. 改革开放 40 年汇率改革理论与实践探索 [J]. 经济学动态, 2018, 15 (9): 4-18.

[230] 熊琛然, 王礼茂, 屈秋实等. 地缘政治风险研究进展与展望 [J]. 地理科学进展, 2020, 39, 12 (4): 695-706.

[231] 修晶, 周颖. 人民币离岸市场与在岸市场汇率的动态相关性研究 [J]. 世界经济研究, 2013, 6 (3): 10-15.

[232] 徐滢. 美联储量化宽松货币政策正常化与人民币汇率变动——基于时变参数向量自相关模型的研究 [J]. 商业经济与管理, 2020 (5): 88-100.

[233] 轩鹏程. 美联储加息背景下人民币汇率影响因素研究 [D]. 上海社会科学院, 2018.

[234] 严宝玉. 我国跨境资金流动的顺周期性、预警指标和逆周期管理 [J]. 金融研究, 2018, 18 (6): 22-39.

[235] 严兵, 张禹, 刘娜. 人民币离岸与在岸汇率差异及其波动研究 [J]. 世界经济研究, 2017, 16 (5): 12-27.

[236] 严敏, 巴曙松. 境内外人民币远期市场间联动与定价权归属: 实证检验与政策启示 [J]. 经济科学, 2010, 13 (1): 12-84.

[237] 杨丹丹, 沈悦. 金融开放进程中的中国跨境资本流动风险预警研究——基于 MS-TVTP 模型的分析 [J]. 国际金融研究, 2021, 10 (5): 76-85.

[238] 杨帆. 人民币国际化进程中在岸与离岸市场汇率联动研究 [J]. 统计与决策, 2015, 4 (19): 149-152.

[239] 杨继梅, 马洁, 吕婕. 金融开放背景下金融发展对跨境资本流动的影响研究 [J]. 国际金融研究, 2020 (4): 33-42.

[240] 杨继梅, 马洁, 吕婕. 金融开放背景下金融发展对跨境资本流动的影响研究 [J]. 国际金融研究, 2020, 10 (4): 3-42.

[241] 杨治国, 宋小宁. 随机开放经济条件下的均衡汇率 [J]. 世界经济, 2009 (9): 56-67.

[242] 姚宇惠, 王育森. 人民币均衡汇率的再研究: 1998—2015 [J]. 国际金融研究, 2016 (12): 23-32.

[243] 叶亚飞，石建勋．人民币在岸离岸汇率联动关系及其影响因素分析 [J]．中央财经大学学报，2016，8（12）：37-44.

[244] 易靖韬，谷克鉴，门晓春．汇率水平及其波动性变化对产业结构调整的影响 [J]．经济理论与经济管理，2016，11（7）：5-15.

[245] 尹双明，张杰平．DSGE 模型、货币政策规则与汇率波动分析 [J]．浙江社会科学，2012，9（11）：4-12.

[246] 于亦文．实际波动率与 GARCH 模型的特征比较分析 [J]．管理工程学报，2006，20（2）：65-69.

[247] 余永定，肖立晟．完成"8.11汇改"：人民币汇率形成机制改革方向分析 [J]．国际经济评论，2017，19（1）：23-41.

[248] 张广婷，王叙果．新常态下中国跨境资本流动的影响因素 [J]．财政研究，2015，5（4）：74-78.

[249] 张虎．美联储加息的外溢效益对我国宏观经济的影响分析 [J]．经济问题探索，2018，8（2）：31-38.

[250] 张婧屹．资本账户政策对人民币汇率调整路径的影响——基于资产组合平衡模型的理论与数据分析 [J]．上海金融，2014，7（2）：3-9.

[251] 张蕾，杨逢微．偏度风险溢酬及其预测能力研究——基于人民币对外汇期权的实证分析 [J]．财经理论与实践，2022，8（5）：2-9.

[252] 张明，肖立晟．国际资本流动的驱动因素：新兴市场与发达经济体的比较 [J]．世界经济，2014（22）：151-172.

[253] 张明，陈胤默．人民币汇率定价的逆周期因子：启用时间，驱动因素与实施效果 [J]．经济理论与经济管理，2020（10）：21-36.

[254] 张明，陈胤默．人民币汇率制度改革的结构性演进：历史回顾，经验总结与前景展望 [J]．财贸经济，2022，17（12）：15-31.

[255] 张明．人民币兑美元汇率贬值：表现，成因，应对与前景 [J]．清华金融评论，2022，2（10）：69-70.

[256] 张启迪．美联储停止缩表的原因、影响及中国对策 [J]．财经理论与实践（双月刊），2020（1）：1-8.

[257] 张铁强，李剑，李美洲．国际资本流动的周期效应及其逆转风险控制研究 [J]．金融与经济，2013（10）：7-29.

[258] 张雪鹿．人民币外汇期权隐含波动率的各期限因子：形成机制和定价

能力［J］.中国货币市场，2021（10）：53-57.

［259］张永东，毕秋香.上海股市波动性预测模型的实证比较［J］.管理工程学报，2003（2）：16-19.

［260］赵文胜，张屹山.货币政策冲击与人民币汇率动态［J］.金融研究，2012，15（8）：1-15.

［261］赵志君.人民币汇率改革历程及其基本经验［J］.改革，2018，10（7）：43-52.

［262］郑振龙，黄薏舟.波动率预测：GARCH 模型与隐含波动率［J］.数量经济技术经济研究，2010，27（1）：140-150.

［263］中国人民银行营业管理部课题组、外部冲击与我国物价水平的决定——基于结构 VAR 模型的分析［J］.财经研究，2009（8）：91-104.

［264］钟永红，邓数红."8.11"汇改后人民币离岸在岸汇率和利率的联动性研究［J］.世界经济研究，2020，13（12）：65-76.

［265］朱钧钧，谢识予.中国股市波动率的双重不对称性及其解释——基于 MS-TGARCH 模型的 MCMC 估计和分析［J］.金融研究，2011，15（3）：134-148.

［266］朱孟楠，张雪鹿.境内外人民币汇率差异的原因研究［J］.国际金融研究，2015，10（5）：87-96.